Robert Schindel
Man ist viel zu früh jung
Essays und Reden

Jüdischer Verlag
im Suhrkamp Verlag

Erste Auflage 2011
© Jüdischer Verlag im Suhrkamp Verlag Berlin 2011
Alle Rechte vorbehalten, insbesondere das der Übersetzung,
des öffentlichen Vortrags sowie der Übertragung
durch Rundfunk und Fernsehen, auch einzelner Teile.
Kein Teil des Werkes darf in irgendeiner Form
(durch Fotografie, Mikrofilm oder andere Verfahren)
ohne schriftliche Genehmigung des Verlages reproduziert
oder unter Verwendung elektronischer Systeme
verarbeitet, vervielfältigt oder verbreitet werden.
Satz: Hümmer GmbH, Waldbüttelbrunn
Druck: Druckhaus Nomos, Sinzheim
Printed in Germany
ISBN 978-3-633-54254-3

1 2 3 4 5 6 – 16 15 14 13 12 11

INHALT

Was wird aus Robert Soël? A Dank 9
Wuschel. Bemerkungen zur Leidensgeschichte
   jüdischer Identität 11
Eine Sprache finden. Zum Echo der Trauer 23
Das Verborgene und sein Fährmann. Laudatio auf
   Edgar Hilsenrath 33
Anmerkungen zum österreichischen Gedächtnis 45
Vom Lernen der Stadt Salzburg. Anmerkungen anlässlich
   der Bücherverbrennung am 30. April 1938, Salzburg,
   Residenzplatz 53
Displaced Library. Ein Vierteljahrhundert
   Literaturhandlung München 63
Der Kugelschreiber als Spaten. Imre Kertész in uns 67
Mein Linz. Servus, Kulturhauptstadt 2009 71
Friedvoll nebeneinander. Die Juden und die Alpen 77
Unverbrüchliche Einsamkeit. Minima Moralia,
   Kompass in trubeligen Zeiten 87
Januskopf. Ein Cocktail 97
Man ist viel zu früh jung 101
Mein Israel 109
Kleiner Mann am Rande der Zeit: Peter Lorre 111
Zur Echolalie des Erinnerns 115
Aus Kälten und Dunkelheiten. Manès Sperber und
   unser zwanzigstes Jahrhundert 121
Nachtigallen. 80 Jahre Radio 133
Es lacht die Aue. Splitter zu »Parsifal« 137

Ferne Klänge, künftige. Rede zur Eröffnung der
   Donaufestwochen Strudengau 2010 141
Der Eigensinn im Dämmer. Zu »Ressentiments«
   des Jean Améry 151
Den Gerechten. Rede anlässlich der Enthüllung einer
   Gedenktafel für die Gerechten unter den Völkern
   am 18. 4. 2001 am Judenplatz in Wien 161
Gepäckstücke der Heimat. Zum 25. Geburtstag der
   Theodor Kramer Gesellschaft 165
Rasender Stillstand. Das Café Bräunerhof in Wien 175
Über die Figur 179
Nicht lang genug gestorben. Schillerring 2005.
   Laudatio auf Christoph Meckel 193
Jedermanns Liebling. Zum 250. Geburtstag von Friedrich
   Schiller 201
Rede auf dem KZ-Friedhof zu Wels 207
Wir haben es gut. Der Einfluss Europas auf
   mein Schreiben 211

Glossar 225

ESSAYS UND REDEN

WAS WIRD AUS ROBERT SOËL?

A DANK

Ich sehe durch ein kleines halbhoch angebrachtes Fenster. Draußen kullert ein Ziegelstein, kullert, kullert und bleibt schließlich liegen.

Immer wieder stellt sich in den Träumen meiner Jugend der Alb ein: Feuerdrachen erscheinen auf einem senkrecht aufgestellten und ins Erdreich gerammten Himmel und kreisen, schlingern, blaue und hellrote Flammen züngeln zwischen den riesigen Zähnen der Drachen aus deren Maul. Dazu hebt ein Tosen an, welches von einem andauernd auf- und abschwellenden Ton abgelöst wird.

Irgendwann im September 1944 wurde der dunkelhaarige, großbenaste Säugling Robert Soël von der jüdischen Fürsorgerin Franziska Löw im jüdischen Kinderspital abgegeben. Das Spital bekam einen Bombentreffer, übersiedelte in weiterer Folge mit uns Kindern von der Ferdinandstraße in die Mohaplgasse. An diesen beiden Plätzen lagen wir zuhauf und wurden immer weniger, denn Krankheiten grassierten, es fehlte immer mehr am Nötigsten, um zu überleben. In diesem Jammertal arbeitete Mignon Langnas als Krankenschwester, sie brachte ihre Tage damit zu, immer wieder zu verhindern, dass Esther stirbt, dass Ruth stirbt, dass der kleine Robert weder an der einen noch an einer folgenden Kinderkrankheit zugrunde geht.

Ihre eigenen Kinder hatte Mignon noch rechtzeitig vor der Gewalt der Nazis außer Landes bringen können. Da ist sie nun, verzehrt sich täglich nach ihnen, Manuela und Georg, harrt aus und hebt täglich die Judenbälger im jüdischen Kinderspital von der Großen Schaufel herunter, die diese in den Tod kippen will.

Schließlich sterben Esther und Ruth doch im bomben- und frostrasenden Spätwinter 1944, aber der kleine Robert Soël, von seiner schmächtigen Mutter mit einer an Zauberei grenzenden Robustheit ausgestattet, überlebt Krankheiten, Hungerödeme, Rachitis, und Franziska Löw sowie Mignon Langnas verhindern auch den Transport des Kleinen nach Theresienstadt.

Meine Mutter Gerty Schindel, die den illegalen Namen Suzanne Soël benutzte, um in Linz mit meinem Vater und anderen Widerstandskämpfern deutsche Soldaten in höchst gefährlichen Aktionen zur Desertion zu bewegen, ward nach ihrer Verhaftung und Enttarnung nach Auschwitz deportiert.

Mignon überlebte den Naziterror, und es blieben ihr auch einige Schützlinge, die sie durchbringen konnte. Als meine Mutter im August 1945 aus Auschwitz und Ravensbrück nach Wien zurückkehrte, fand sie mich bei Pflegeeltern und nahm mich zu sich. Sie wusste nichts von Mignons aufopferungsvoller Tätigkeit.

1946 verließ Mignon Europa, um in New York ihre geliebten Kinder endlich in die Arme schließen zu können. All diese Jahre hatten sie aber so erschöpft, dass sie ihre Befreiung nur um vier Jahre überlebte.

Auch ich wusste bis vor Kurzem nichts von meinen beiden Retterinnen. Ich freue mich sehr, dass nun dieses Buch entstanden ist. Es zeugt von Menschenwürde in der Barbarei. An mir ist es, den Kindern der wunderbaren Mignon, Manuela und George, stellvertretend zu danken.

Schalom, Mignon. Schalom uns allen.

WUSCHEL

BEMERKUNGEN ZUR LEIDENSGESCHICHTE JÜDISCHER IDENTITÄT

*– Eins wollte ich nur noch sagen, sagte er.
Irland hat, sagt man, die Ehre, das einzige Land zu sein,
das niemals die Juden verfolgt hat. Wussten Sie das?
Nein. Und wissen Sie warum?
Die klare Luft brachte ein strenges Runzeln auf seine Stirn.
– Warum, Sir? fragte Stephen und begann zu lächeln.
– Weil es sie nie hereingelassen hat, sagte Mr. Deasy
feierlich.*

James Joyce / Hans Wollschläger: Ulysses

*Kennt noch das Wasser des südlichen Bug,
Mutter, die Welle, die Wunden dir schlug?*

*Weiß noch das Feld mit den Mühlen inmitten,
wie leise dein Herz deine Engel gelitten?*

*Kann keine der Espen mehr, keine der Weiden,
den Kummer dir nehmen, den Trost dir bereiten?*

*Und steigt nicht der Gott mit dem knospenden Stab
den Hügel hinan und den Hügel hinab?*

*Und duldest du, Mutter, wie einst, ach, daheim,
den leisen, den deutschen, den schmerzlichen Reim?*

Paul Celan: Der Sand aus den Urnen

1 DRAUSSEN BLEIBEN

Identitäten werden überschätzt. Wer bin ich schon, bloß weil ich hier auf Erden anwesend bin. Einer, der wie jeder von irgendwo herkommt und – verdammt – irgendwo hingeht. Ein Etwas, das einen durch alle Veränderungen hindurch als Gleichbleibendes zu begleiten scheint, gehört einem womöglich gar nicht oder gehört einem so, wie der Nasenring dem Tanzbären gehört. Vermutlich ist Identität lediglich Zuschreibung. Nun kommts aber auf die Autoren an, die da zuschreiben, damit man spürt, wie stark einem im Selbigkeitsnachen zum Kentern zumute ist oder aber doch zum Dahingleiten von den Sonnenspiegeln zu den Schattengefilden. Die Autoren der Zuschreibung sind zumeist Mächtigkeiten, gestützt auf Mehrheiten, auf massenhafte Gleichrichter.

Ich betrete die erste Klasse Volksschule, bin immerhin bereits sechs Jahre alt und kann Nasenbohren. Komme in die Klasse. Es schauen mich viele an. Was will der schwarze Wuschel mit der Riesennase, in die er aufgeregt hineinbohrt?
»Du bist falsch«, sagt Viktor Fuchs, der Größte, der Stärkste, und heißt auch Viktor. Die Klasse unisono: »Er ist falsch. Draußen bleiben.«
»Wie heißt du«, fragt Frau Lißt, meine an Jahren alte künftige Lehrerin.
»Und du«, antworte ich ihr.
»Raus!« Rausgehen. Draußen bleiben. Gar nicht erst hereinkommen.
»Das war bloß zur Strafe, weil er frech war«, sagt Frau Lißt.
Meine Mutter, mit erfahrenem Blick auf Nazissen: »Ach so? Fünf

Jahre nach dem Tausendjährigen Reich sind wir bereits wieder zu frech?«

»Aha«, macht die Lehrerin. »So ist das also. Entschuldigen Sie, Frau Schindel.«

Hereinkommen. Drinnen bleiben.

Vier Jahre lang hat Frau Lißt allen in der Klasse immer wieder strafweis mit dem Lineal auf die Finger geschlagen. Nur Monika nicht. Mich nicht. Zwei wuschelige Dunkle. Frau Lißt musste nämlich in ihrem Alter noch umlernen: Da sind die wieder. Die Dreißigerjahre sind wieder da. Man muss achtgeben. Das sind die Sieger. Die sind nicht umzubringen. Die leben ewig.

Wir leben ewig. Gewissermaßen sterben wir alle jüdischen Tode bei lebendigem Leib. Ich meine: wir, die Überlebenden.

Als wir weg konnten aus Ägypten, waren wir zwar die Sklaverei los, aber wir waren ziemlich draußen auch. Im Sand. Am Sand. Wie kann man auf so einem vergleichsweise kleinen Stück Land, dem Sinai, vierzig Jahre rumlatschen? Hatte sich hier bereits der Treibsand derer bemächtigt, die auf ihm stapften? Dauert es bloß vierzig Jahre, um den Habitus eines Volkes grundzuzeichnen? Nun hieß es, Mazzen zu fressen. Nun hieß es herumzulungern, jetzt zerstreute man sich durch das Herumgetanze um ein Rind, jetzt zog man sich den Zorn zu von Moische. Schließlich gingen wir raus von dort und kamen rein mit Feuer und Schwert in unser eigenes Land, das auch damals nicht so ganz unbewohnt war. Einem alten Gemurmel zufolge sind wir Juden damals alle dabeigestanden, als Moses die Gesetzestafeln herunterschleppte und präsentierte. Wir alle standen dort, die Verstorbenen und die noch lang nicht Geborenen. Das Judentum stand da im Wüstensand, aber anstatt Maulaffen feilzuhalten wie üblich, musste es die Ohren aufsperren und Gestotter,

Rede, Singsang hineinlassen. In welcher Form auch immer, das Gesetz drang in uns ein, und wir standen da, blöd wie jede Masse. Doch um zu überleben und den verdammten Sand loszuwerden und einst in Milchhonig verheißende Gefilde zu gelangen, mussten wir das Abstrakte, das Unsichtbare und seinen Buchstaben durchlassen durch unser aller Ohrenschmalz, das salzig-sandige, durch und hinein ins primitive Seelengeflecht und rauf in die Ganglien.

Niemand wollte das. Aber zur Knechtschaft mochte auch keiner zurück. So schluckten wir mit den Mazzen das Gesetz und spülten nach mit schwarzer Milch. Denn die weiße mussten wir uns erst verdienen, die honigsüße. Gesegnet seist Du, Du unsichtbares Etwas, das uns in allen Veränderungen als Immergleiches begleitet. Du, gesegnet seist Du, Du Humms, Du Qrm, Du Wrt. Gesetztes Gewort: Herr!

2   HEREINKOMMEN

Damals. Durchs Rote Meer ins verflucht-gelobte Land. Die Wellen teilten sich. Wir sahen es in der Bibelverfilmung des großen Cecil B. DeMille. Der alte Hahn, wie wir von Torberg wissen, seinerzeit in Prag, sah es, wie wir später im Kino. Als das Judenvolk hernach – links Wellen, rechts Wellen – mittig trockenen Fußes hindurchschritt, schaute das Publikum und erschauerte. Doch der alte Hahn, kein Goj, rief laut aus: »Also aso war das nicht!«

Ich bin aber nicht so sicher, ob wir beim Gang durchs Rote Meer auch alle dabei waren. Marschierten die Mitglieder des Solidaritätskomitees für das gerechte Anliegen der Philister auch durch das Gotteswunder?

Alle Geschichte allerdings ist eine Geschichte von Landnahmen. Jenes Eindringen damals möchte ich nicht zur Leidensgeschichte jüdischer Identität rechnen, sintemalen wir womöglich erst damals und dorten begannen, mit uns identisch zu werden. Das Volk begriff sich vielleicht als Hebräer, als das israelitische Volk mit einem unsichtbaren und züchtenden Gott im Nacken. Dieses Unsichtbare in der Sandale, im Tempel, dann in den Wanderstiefeln, in der Lade, im Regal, letztlich in der Einblasdüse zur Seele, wir hatten es stets dabei. Zur Leidensgeschichte jüdischer Identität gehört es seit damals, dass man diese uns andauernd wegnehmen wollte durch Vertreibung, Zwangstaufe und Ermordung und dadurch stärkte. Aber auch, dass wir sie zu verlieren drohten, wenn wir sie haben durften, leben durften, bleiben durften. Wo eingedrungen, weil von woanders vertrieben, wollten wir uns schon gerne dem Neuen anverwandeln, aus dem Judenvolke in die Judenreligion hinüberwandern.

Die Zeiten des Hereingekommenseins in der Diaspora in die verschiedenen Zentren ließ uns ja mächtig, na ja, ein bisschen aufblühen, ob in Persien, in Spanien, ob in Polen und Litauen, ob in Mitteleuropa. Die Taufe als Eintritt in die bürgerliche Gesellschaft, bespöttelt von Heine, aber genommen auch von ihm, brachte das Identischseinwollen gewaltig ins Flirren.

Gehen zwei Juden auf der Straße. Einer bleibt stehen: »Warte heraußen. Ich geh rein und lass mich a bissl taufen.«

Als er wieder herauskam, fragte ihn sein Freund neugierig: »Na, hats wehgetan?«

»Schnauze, Saujud!«

3 DABLEIBEN

Wir haben uns festgekrallt im neunzehnten und zwanzigsten Jahrhundert. Aus Polen sind wir gekommen, um zu bleiben, aus Russland. Vorher schon sind wir gekommen aus Iberien nach den Niederlanden, das Land der Griechen mit der Seele suchend, zu den Türken und sogar wieder dorthin, von wo wir einstens vertrieben wurden, nach Palästina. Immer wieder hiebei die wundersamen Anverwandlungen: ans Berlinerische, Wienerische, Hanseatische, Französische, Britische, Niederländische. Zur Leidensgeschichte jüdischer Identität gehört es sich, dass wir buchstäblich überall sind, auch in Japan, und nirgends bleiben können, wenns darauf ankommt. Elias Canetti konstatiert diese Wanderschaft mit dem Wüstensand zwischen den Zehen just in jener Zeit, als wir eine Zeit lang gut und gerne geblieben waren, um hernach umso gründlicher ins Jenseits befördert zu werden. Wir sind geblieben, um zu sterben: Egon Friedell, der die Juden ohnedies nicht besonders ins Herz geschlossen hatte, brachte sich eher um, als ins Exil zu gehen. Denn das Kaffeehaus konnte man nicht mitnehmen, und die Sprache würde ihm verdorren in der Fremde. Aber die, welche weggehen konnten und es taten, also denen es gelungen ist, sich nachhaltig verjagen zu lassen, ohne danach wieder eingefangen und gemetzelt zu werden, waren erfüllt von einer rätseligen und unausrottbaren Liebe zu den Hinausschmeißern. Daher wurde ihnen sämtliches Exilbrot wieder zu Mazzot, sie waren auf etwas geworfen, was sie vielleicht gar nicht mehr sein wollten: Juden. Und es war ihnen das Gefühl, in der Welt zu sein, abgeschnitten. Es kam nicht wieder, es war verdorrt wie die Muttersprache.
Gerty Schindel war ihrem Verständnis zufolge keine Jüdin mehr.

Sie entlief dem Judentum und kam an im Kommunismus als altneue Eschatologie. Sie wollte bleiben im Wienerischen und im Weltrevolutionären. Wohl ging sie neunzehnsiebenunddreißig nach Paris, aber nur, um im Spanienkomitee die Republikaner zu unterstützen, die eben gegen Franco die große Schlacht verloren. Sie kehrte heim neunzehndreiundvierzig unter falschem Namen. Verhaftet wurde sie als Kommunistin. Nach Auschwitz-Birkenau kam sie als Kommunistin. Sie war Schutzhäftling der Gestapo, roter Winkel, dann doch und unterhalb der gelbe, beide Farben halb. Sie nannte sich eine Hitlerjüdin, denn der Herr Hitler hat sie wieder zur Jüdin gemacht. In Hodensack und Eierstock ihrer Eltern war sie aus Galizien gekommen nach Wien, um zu bleiben. Die sandige Sandale, sie war bloß eine Phantasmagorie, welche allerdings sich an der Rampe von Birkenau mächtig materialisierte, um zu zerfallen. Paul Celan fasste den Sachverhalt zusammen: Der Sand aus den Urnen.

4 WEGGEHEN

Wir sind geblieben, um zu gehen.
Wir sind Juden, weil religiös. Wir sind Juden, weil es Antisemiten gibt. Wir gehören zum jüdischen Volk. Es gibt gar kein jüdisches Volk mehr, na schön, es gibt Israeli.
Zur Leidensgeschichte gehört dieses Perhorreszieren, dieses Hin und Her.
Demgemäß muss ich herausschälen dürfen aus dem großen Leidensbegriff, welcher aus der Blutspur, aus dem Blutstrom, aus dem Blutmeer gewachsen und gediehen war, den kleinen Lei-

densbegriff, nämlich den Witz der Sache. Zur jüdischen Identität außerhalb des Glaubens gehört, dass alle Welt weiß, was ein Jud ist, eine Jüdin, bloß die Juden wissen es nicht. Und wussten es doch. Denn zwar ist etwa meine Mutter aus dem Judentum ausgetreten, aber das Judentum ist nebbich nicht ausgetreten aus ihr. Jetzt sitzt sie mit fünfundneunzig im Maimonides Zentrum zu Wien, und als man sie einmal zum Passahfest herunterholen wollte aus ihrem Zimmer oben, sagte sie: »Lassts mich aus. Ich bin keine Jüdin.«

Später, als ich davon erfuhr, sagte ich zu ihr: »Spinnst du? Was heißt, du bist keine Jüdin? Fürn Hitler warst du Jüdin genug!«

»No ja«, sagte sie. »Ich sitze da. Und wo ist er? Außerdem, wenn ich runtergeh, muss ich mit den anderen beten.«

»Du hättest gar nicht beten müssen. Und Wein hättest du auch gekriegt.«

»Ach, wenn ich das gewusst hätt ...«

Wir sind immer noch und immer wieder in dieser auch von Canetti festgestellten Vielfalt. Wir sind in diesem Individualismus drin, der das Massenhafte von Identität schwer begreiflich macht. Vielleicht kann man das im Verändern gleichbleibend Begleitende auch ICH nennen.

Wenn wir dann also sagten, mit Auschwitz greift sich die Identität das Individuelle und mahlt es zur Masse, zur eindeutigen Judenmasse, dann erstünde uns hieraus ein schauderhaftes Erbe. Doch kaum der Schoah entkommen oder nachgeboren, faltet sich jüdische Identität wiederum in ihre zahllosen Entitäten und exploriert sich mit unzähligen Zungen. Aus Birkenau ist uns Israel erwachsen, obs uns passt oder nicht, und – um es auf einmal herauszusagen – dort sind wir hingegangen, um zu bleiben. Die bloße Existenz Israels sichert den Juden in der Diaspora ihr Leben und macht das Leiden somit etwas luxuriös. Hier kommt die Leidensgeschichte jüdischer Identität zur Witzgeschichte jüdischen Lebens, und dorthin gehört sie auch. Aus dem großen Weggehen ist ein gültiges Bleiben geworden im Land Israel.

5 ACH SO

An Israel streitet es sich munter und trübe weiter. Am Existenzrecht des Judenstaates wurde und wird gerüttelt, Recht und Unrecht werden verteilt, Rechtshabereien und Linkshabereien führten und führen zu unentwegten Debatten, umstößlich sei das Unumstößliche, unumstößlich das Umstößliche. Die Juden untereinander – warum soll es auf einmal anders sein als seit je – fallen mit großer Schneidigkeit und nicht selten mit heftiger Schäbigkeit übereinander her, können sich feind sein wie irgendwer sonst zu wem. Zur Leidensgeschichte jüdischer Identität im Kleinen gehört dieser Sachverhalt.
Doch eines spross besonders herauf aus den letzten zweieinhalb Jahrhunderten. Schnitzler nannte es das Problem der Asoi-Juden. Dazu natürlich wieder so eine Geschichte:
Zwischen den großen Kriegen; in der polnischen Eisenbahn sitzt ein armer und ziemlich mieser kleiner Jude, ein Nebbich, durch das Wohlwollen des Schaffners in der ersten Klasse und allein. Da lässt sichs knotzen! In Kattowitz tut sich die Tür auf, und ein Gentleman tritt ein. Im Tweedanzug, die *Times* eingerollt unter der Achsel, setzt sich der Sir nieder, sitzt gegenüber, tippt höflich oder ironisch sich mit dem Zeigefinger auf den Schirm sei-

ner karierten Kappe und beginnt in der *Times* zu lesen. Da ist es aber sehr still im Abteil. Der Jude versteckt seine schwarzen Fingernägel in den Fäusten, biegt sich die Beine nach hinten, sodass die dreckigen Schuhe unter der Sitzbank verborgen bleiben. Er hält so oft er kann den Atem an, damit der Ruch seiner Mundströmung den feinen Pinkel gegenüber nicht molestiere. So zusammengeknickt und eingekrampft, fährt er gegen Krakau. Nach einer Ewigkeit, nach zehn Minuten rollt der Gentleman die *Times* wieder zusammen, legt sie neben sich, beugt sich zum Juden vor, sodass sein herrliches Aftershave den Nebbich noch stärker zusammenschrumpfen lässt, und fragt mit sorgfältig modulierter Stimme: »Sagen Sie, mein Herr, auf was fällt eigentlich heuer Jom Kippa?«

Nach einer Pause, die keine Ewigkeit währte, antwortete der arme Jude: »A soi.« Und er zeigte her seine Fingernägel, und er tat hervor seine Schuhe, und er blies seinem Gegenüber erleichtert, aber ungeniert seinen Muli ins Gesicht.

Diese Asoi-Juden, Ergebnis jahrhundertelanger Demütigung, ranken sich am Ehrfurchtsbaum für das Nichtjüdische, das Deutsche, das Christliche, das Gojische empor.

Als ich mich im Sommer neunzehnsiebenundsechzig in Berlin aufhielt, war mein Messianismus erfüllt von starker Liebe zu schönem Sozialismus, war mein Gerechtigkeitsbegriff durchdrungen von leidenschaftlicher Parteinahme für die unterdrückten Völker der Dritten Welt. Es war gut, einigen Arabern in Berlin gleichzeitig zu bekennen, dass ich Jude sei und ganz auf ihrer Seite. Israel sei wie Südafrika, Zionismus sei Rassismus, und das Übrige im Repertoire. Die Araber klopften mir auf die Schultern. Respekt. Als Säugling hat dieser Genosse den Holocaust überlebt, jetzt kritisiert er die Zufluchtsstätte Israel bis in die Grundfes-

ten. Ein toller Kerl. War das links. Da stand ich in meiner revolutionären Menschlichkeit, ah ... Es ist ein so nobles Gefühl, das so einen Juden durchherrscht, wenn er vor den Nichtjuden ein schärferer Kritiker ist als jene. Womöglich verwendet so einer noch Kategorien des Judentums zur Untermauerung. Gerechtigkeit etwa: Im Namen der Gerechtigkeit haben wir jedem das Unrecht wiedergutzumachen, das er uns angetan hat – und naturgemäß als Zuwaage, was wir den anderen antun.
Für mein Empfinden habe ich etwas lange gebraucht, um auf das Eitle und Selbstgerechte einer solchen Position draufzukommen. Meine Sympathie zum Projekt Israel als jüdische Heimstätte hat spät begonnen.
Und es sind natürlich Juden, die einem dann vorwerfen, man hätte die linken Positionen verraten und das Schicksal der palästinensischen Kinder, die unter der israelischen Besatzung besonders leiden, sei einem egal. Ein politischer Asoi-Jude, der sich alsdann nicht den Deutschen und Christen, sondern dem antiimperialistischen Kampf andient, sich selbst als gerechter und sozial empfindender Mensch fühlt und es ausstellt, mag so eine Selbstgerechtigkeit entwickeln, die dem Gegner gleicht, den er bekämpft. Der Antischaron schaut in den Spiegel, Scharon schaut aus dem Spiegel heraus. Doch das sind bereits die Schmankerln in der kleinen Leidensgeschichte jüdischer Identität.
Dabei sollte ich gar nicht ungeübt sein, ein Land zu lieben und zu verteidigen, in dem ich nicht lebe. Als Jungkommunist sog ich die Liebe zur Sowjetunion mit der Muttermilch ein, eine herrliche, eine rote Milch. In der Studentenbewegung tätig, brach ich sehr bald mit der Sowjetunion, um mich unverzüglich China zuzuwenden. Israel ist also die dritte Liebe, doch wer weiß: Der stolze Vater von drei Söhnen wurde nach diesen befragt.

»Avi, der ist in der Deutschen Demokratischen Republik.«
»Was tut er dort?«
»Baut auf den Sozialismus.«
»Und Isi, dein Zweiter?«
»Der ist in der Sowjetunion.«
»Wie das?«
»Na baut auf. Den Sozialismus.«
»Und Kuba, dein Jüngster?«
»Israel.«
»Verstehe. Baut auf, baut auf den Sozialismus.«
»Seid ihr meschugge? Im eigenen Land?«

Die dritte Liebe, wer weiß: Ich hätte nichts gegen einen Sozialismus in Israel. Einen spezifischen. Einen, welcher der Region Frieden bringt.
Der Schriftsteller Amos Oz sagt: »Kompromiss, das ist Leben.« So etwas schlägt wahrlich merkwürdig an, wer mit dem Spottlied von Tucholsky auf die Sozialdemokratie aufgewachsen ist. Das war das Lied vom Kompromiss. »Einerseits und Andrerseits. So ein Ding hat seinen Reiz.«
Doch wenn wir Recht- und Linkhabereien hinter uns lassen wollen, sollten wir diesen Satz von Chawer Oz womöglich aufs innere Stirnband drucken. Dann fängt die kleine Leidensgeschichte jüdischer Identität erst richtig an. Die große aber ist vielleicht vorbei.

EINE SPRACHE FINDEN

ZUM ECHO DER TRAUER

1

Alle Kunst will Unsichtbares sichtbar machen, Unerhörtes hörbar. Das Unbegreifliche verstehen, im durchflutenden Chaos eine Boje erlangen, sei sie aus versintertem Traumstein, sei sie ein Gedankensplitterhaufen oder ein Herrgott aus mit Geflunker zusammengeschnürten Erfahrungsstoffen.

Wir Schriftsteller haben die Augenblicksgottheiten zur Verfügung, die Worte. Da geht man durchs Tal, das man sich selbst mit Ungestüm und nerviger Hand in die Seele geschnitten hat, man trottet dahin, indes einem die Stunden auf den Kopf perlen. Wenn man dann zur besseren Einsicht einen Ruheplatz sucht, um nicht ewig sich in diesem Tal zu verschlendern, und auf einen Stein zu sitzen kommt, ertönt alsogleich von oben die Frage: »Mariechen saß auf einem Stein, warum denn nicht auf zweien?« Man will dem zaundürren Münchner Spaßmacher Valentin gar nicht antworten, man will auf dem Stein sitzen bleiben und seine Niedergeschlagenheit auskosten. Von innen aber breitet sich ein Lächeln aus, schwebt am geselchten Kehlkopf vorüber in den Oberschlund und beginnt Einfluss auf die Gesichtsmuskulatur zu nehmen. Man prustet. Man sei doch nicht Kerls genug, um einer zu sein, dem im Leben nicht zu helfen ist.

Die selbstgefertigten Melancholien sind leidlich tragfähig, und es ist schwer, eine Sprache für sie zu finden, die sie nicht sofort zu Nichtsfleckerln aufreißt. Man sitzt im Talgrund und ist von Heiterkeiten umgeben. Raus aus dem Wirtshaus, den Rausch ausschlafen, nächsten Tag wieder etwas Poesie wagen! Aber womit? Können wir die Wörter nehmen, die grad da sind? Sollen wir eine Vorhandenheit mit Bedeutsamkeit aufladen, wo doch alle Bedeutsamkeit vanitasverseucht ist und so also die Vorhandenheit in sich selbst stürzt? Kaum versucht man, ein Gefühl von Bedeutung in Mitteilung zu übersetzen, beginnen die Spottdrosseln mit ihrem Gesang. Die abgegriffenen Wörter generieren den Satzbau, und der beginnt den poetischen Raum zuzuwachsen.

Ich weiß, wovon ich rede: Immer wieder versuchte ich als junger Mensch und Kommunist Gedichte in Handlungsanleitungen zu übertragen. Unstimmig, wie das klang, versuchte ichs umgekehrt und zwang die Handlungsanleitungen ins Gefühl. Im scheuen Anfang steckt schon Rohheit. Finde eine Sprache im Gerede. Finde eine Sprache im angeschatteten, fremd empfundenen Dasein. Versuche, überhaupt etwas mit etwas aufzuladen, so der Tag lang ist. Weshalb kam bei einem immer heraus, dass Mariechen bloß auf einem Stein saß?

2

Der Mensch soll um der Güte und Liebe willen, dem Tode keine Herrschaft einräumen über seine Gedanken (Thomas Mann: Der Zauberberg).
Dieser Satz ist wahr – vor dem Holocaust geschrieben –, und undurchführbar danach. Dem Sachverhalt: eine Sprache finden, geht ein anderer Sachverhalt voraus: Ein Thema sucht sich einen Autor, eine Autorin, und basta.

In den vergnügten Melancholien meiner Jugend und in den verinnerlichten Befehlen, die von meinen Texten umkleidet wurden, rauchten die Schornsteine des Sozialismus. Darein mischten sich, ohne dass ich das wollte und anstrebte, andere Schornsteine einer anderen Industrie. Meine Familie haben die Nazis und ihre Helfer, Mitwisser, Wegschauer und Geschehenlasser großteils umgebracht. Dies ist eine Tatsache, zu der ich hinzugeboren wurde und die mehr und mehr Herrschaft gewann über meine Gedanken. Ich selbst war einst als Judensäugling versteckt und verborgen, hernach entdeckt, gesehen und zum Verhungern geduldet im jüdischen Kinderspital zu Wien. Meine von Geburt an vorhandene Robustheit ummantelte mich und ließ mich überleben, sodass die aus den Lagern zurückgekehrte Mutter mich wiederfand und in die Höh brachte und sich dazu. Viele Jahre hörte ich bloß von den Opfern des Faschismus – zu denen auch mein Vater gehörte, der gewiss nicht mit dem Satz Sch'ma Jisruel auf den Lippen erschossen wurde –, hörte von den Widerstandskämpfern, Partisanen. Übergangen wurden lange Zeit jene Opfer, die keinen Widerstand geleistet hatten und ihr ganz gewöhnliches Menschenleben im Gas beenden mussten, weil sie waren, was sie waren, gleichgültig, was sie zu sagen oder zu schweigen hatten, gleichgültig, in welcher Sprache, in welchem Ton ihr Leben sich veräußerte oder auch verinnerlichte. Sie waren totes Holz, wurden verbrannt, damit hatte es sich. Bis zu ihrem Tod hielt meine Mutter ihr Judentum für eine Idee Hitlers, sie war Kommunistin, Wienerin und Internationalistin. Dass ein kleiner Teil der Menschheit und bloß qua Herkunft und Religion sich emanzipieren und sich gar von seinen Feinden befreien sollte, sah sie nicht ein, denn die Menschen überhaupt sollen sich gefälligst von ihren menschlichen Peinigern, ihren Ausbeutern, befreien. Nicht bloß Israel soll bewohnbar sein, sondern der ganze Planet.

Jener leise Sachverhalt aber, dass unschuldige Leute wegen ihrer Herkunft quer durch Europa gekarrt wurden, damit man ihnen in russischen und baltischen Wäldern in den Bauch schoss oder sie in den im Osten gelegenen deutschen Vernichtungslagern durch die Schornsteine blies, ließ mir mehr und mehr meine sozialistischen Kampf- und Dichterworte ertauben. Diese wären auch ohne Imprägnierung durch die persönlichen Seiten der Schoah hohl geblieben, weil ich in solchen Äußerlichkeiten keine Sprache zu finden vermochte. Und der Sozialismus wurde als Inhalt und tröstliche Zehrung auf meinem Lebensweg mir umso äußerlicher, umso intensiver das Geschehen des Holocaust von mir Besitz ergriff. Im Sozialismus wäre so etwas wie die Schoah nicht möglich gewesen, hieß es. Doch man weiß, dass die Jugend des angewandten Sozialismus, der Stalinismus, leidenschaftlich Blut soff und soff, und auch der spätere real existierende Sozialismus war alle Zeit dazu bereit, in jener Manier fortzufahren.

Ich musste in diesen Irrungen fünfunddreißig Jahre alt werden, bis die Trauer um meine ausgelöschte Familie Besitz von mir ergriff. Der Trauermarsch war von Anbeginn in mir. Ich hatte bloß nicht die Ohren, ihn zu vernehmen, und doch führte er mich zu einer anderen Sprache, welche tief in mir schlief. Allmählich zeigten meine Leute, die es nicht mehr gab, mit Fingern auf mich, als würden sie mich zum Sprechen, zum Reden auffordern. In dieser Trauer raspelten sich Wörter heraus, Wörter und sogar Worte. Die hatten zwar anfangs bloß Tränenwasser eingeschlossen, doch die daraus entwickelte Melancholie hatte etwas allzu Nahes. Jetzt bin ich im Tal angelangt, das ich mir nicht selbst schlug. Wenn ich nun meinen Ruheplatz suchte und fand und auf einem Stein saß, dann klang von oben: *Verbracht ins Gelände mit der untrüglichen Spur.* Das Wasser in den Worten kristallisierte aus, nicht als Satz, sondern als Atem. Paul Celans Unumstößlichkeit wies mir die Sprache, die ich zu finden hatte. Wo findet das Schweigewort sein Dasein?

3

Argumentum e silentio

An die Kette gelegt
zwischen Gold und Vergessen:
die Nacht.
Beide griffen nach ihr.
Beide ließ sie gewähren.
Lege,
lege auch du jetzt dorthin, was herauf-
dämmern will neben den Tagen:
das sternüberflogene Wort,
das meerübergossne.

Jedem das Wort.
Jedem das Wort, das ihm sang,
als die Meute ihn hinterrücks anfiel –
Jedem das Wort, das ihm sang und erstarrte.

Ihr, der Nacht,
das sternüberflogne, das meerübergossne,
ihr das erschwiegne,
dem das Blut nicht gerann, als der Giftzahn
die Silben durchstieß.

Ihr das erschwiegene Wort.

Wider die andern, die bald,
die umhurt von den Schinderohren,
auch Zeit und Zeiten erklimmen,
zeugt es zuletzt,
zuletzt, wenn nur Ketten erklingen,
zeugt es von ihr, die dort liegt
zwischen Gold und Vergessen,
beiden verschwistert von je –

Denn wo
dämmerts denn, sag, als bei ihr,
die im Stromgebiet ihrer Tränen
tauchenden Sonnen die Saat zeigt
aber und abermals?

Paul Celan

Das Geschehen ist auf direktem Weg nicht besprechbar. Eine Sprache finden, um in den Worten einzuschließen das Universum der Niedertracht. Die Barbarei mit dem meerübergossnen Wort unterströmen. Im Erschweigen deutlich werden, damit ersichtlich sei, was der Fall war.

Was war es denn, was in mich hineinging und in mir die Voraussetzungen dafür schuf, dass ich ebendies, was in mich eindrang, ausdrücke? Kann ich denn wahrlich trauern um die Anverwandten, die ich nicht kannte, von denen ich nichts wusste? Was für eine geborgte Trauer wird hier laut und gibt sich bedeutsam? Schlage ich doch und schon wieder ein künstliches Tal in mein Fortleben? Eine exzentrische Quelle meines Daseins tränkt mich und lässt mich trunken sein von solchem Trauerwasser, das ich für Tränen hielt.

Ich hatte es mit dem Echo zu tun. Die Schüsse, das Zischen, die Kakophonie eines diesseitigen Infernos hallten und schienen die Ohren hinter den Ohren zu erreichen. Mich erreichte nicht nur das Echo des Geschehens, sondern in diesem war womöglich eingewoben das Echo des Leids und der Trauer und sogar das Echo der nicht gelebten Trauer, das Echo der Versteinerungen, die Echolalien gar, die sich aus den Verdrängungen der überlebenden Opfer ergeben. Was für ein Material! Welche nächtlichen Pfade schlängeln sich vor meinen Schritten und führen mich füglich ins Künftige? Welche Zwittergewitter werden da aus Zukunft und Vergangenheit generiert? Welche Pflanzen am Wegrand, Pilze und zugleich Finger von denen da unten? Diese ganze Landschaft, die ich Schritt für Schritt, Stund auf Stund, Jahr auf Jahr bewandern muss, schaffe ich nur mittels Bewortung.

Wort für Wort, doch schon wieder taugen die vorgefundenen Wörter bloß dazu, um das Echo auszuschildern, sodass das Erborgte, das hin und her Hallende sämtliche Wortigkeiten zum Scheppern bringt, zum Klingeln, zum Plauschen. Obzwar der Gräuelsachverhalt angesprochen, ausgesprochen, sogar erschwiegen wird: Echo bleibt Echo. Auf ja und nein verkünsteln sich die

Gefühle, der Kitsch überzieht mir meine Landschaft wie einst der Tod und zeigt auf mich als seinen Schöpfer.
Ich möchte die Pforte verschließen. Auch dieses Wirtshaus entlässt mich, aber der Rausch davon vergeht nicht, droht das Inwendige als Bitterkeit und Giftigkeit nach außen abzusondern. Eine Sprache muss her für das Echo, die durch es und durch das damalige Geschehen ins Zentrum meiner Zeitgenossenschaft führt. Das Unsagbare ist das eigentliche Thema, nicht nur sprachlich. Das Erschweigen muss wirklich sprechen lernen in mir. Der eingebildete Jude, der an der Einbildung ausgebildete, muss also übersetzen. Ich muss die Vertilgung übersetzen ins Gegenwärtige, ich muss den typischen Judentod der Schoah als eigenen Tod überleben. Ich muss ein Ding zum Reden bringen, das ohnehin immer geredet hat, denn jedes Ding spricht. Doch ohne Übersetzung waren das bloß ein Rauschen und eine Stille.

4

Ein jedem gegebenes Gefühl, in zwei Welten zu leben, von denen die eine unsagbar ist (Charles Simic).
Mit Geduld ein Ding betrachten. Warten durch die Stille, durch das Rauschen hindurch. Nicht wie die Romantik alsogleich durchs Rauschen auf das Ding einsprechen, das eigene Sehnen und die Transzendenzlust dem Ding anverwandeln, sondern weiter bloß anschauen, hinschauen, hören, bis man atmet mit dem Ding und es beginnt, sich vernehmlich zu machen.
Doch die Sprache des Dings ist namenlos, begrifflos, wortlos. Es ist das ganz Eigne, binnengewindelt und gerundet, fortzerlegt

und schattenganz. Alle Literatur, die sich auf das Ding mit Geduld einlässt, erschließt sich mehr und weniger dessen Universum, den Dingplaneten. Diese Schneisen, dieses Vorhandensein in diesen Schneisen als Lebensweg inmitten des Dingkondukts zwingt eben zum Übersetzen.
Im Fall der Schoah als monströser Dingverbund ist all das Vergangene verschwunden, ist im Dingverbund stumm gespeichert. Die Übersetzung dieser Dinglichkeit in Zeitgenossenschaft ist wohl die Sprache, die zu finden ist.
Denn da ist keine Stelle, die dich nicht sieht. Das gilt nicht bloß speziell für den archaischen Torso Apollos, das gilt für all das Vergangene, das gilt wieder speziell für den Dingkondukt, von dem ich handle. Daher gehört diesem auch alles an: das Geschehen, das Unsagbare im und nach dem Geschehen, die gelebte und die ungelebte Trauer, die versteinerte und versunkene, die von der Nachkommenschaft eingebildete und erborgte Trauer und das Echoparallelogramm, das aus all dem zusammengebaut ist. Aber auch dies in meinem Leben, welches unversehrt von jenen Schatten vorhanden ist: Fußball und Pilze, Liebesarten, Intarsien des Körperpanzers. Es sind noch Lieder zu singen diesseits der Menschen. Aber womöglich ist doch jedes Gedicht nach Auschwitz von ihm infiltriert. Tief drinnen. Auch das.
Diesen Dingverbund, jenes Echoparallelogramm so lange anzuschauen, bis Talmi abblättert, Kitsch und Erinnerungsrituale abgerauscht sind und das gewaltige Schweigen anhebt. Über den Letheﬂuss in umgekehrter Richtung von drüben herüber muss übergesetzt werden.
Eine Sprache finden: Fährmann sein.

DAS VERBORGENE UND
SEIN FÄHRMANN

LAUDATIO AUF EDGAR HILSENRATH

1

Schon einige Minuten tobte der Lärm durch unsere Wohnung. Holz zerbarst, Türen sprangen auf und splitterten, Geschirr zerbrach, wutgeraute Männerstimmen fanden alle mein Ohr. Viele Schritte betrampelten unseren schönen Parkettboden, fanden alle Ecken und Höhlen, und schließlich zog mich ein Herr aus dem Kleiderkasten. Er riss mich heraus, und die Mottenkugeln rollten hinter mir her. Sogleich wurde ich nach unten verbracht und auf den Lastwagen geworfen, inmitten ebenfalls darauf geworfener anderer Leute, alt und jung, männlich, weiblich, zerlumpt oder im Tuch. Die Sonne hing etwas schief über der Straße, die zum Bahnhof führte. Wir waren in einem ehemaligen Speisewagen zusammengestaucht untergebracht. Die Sonne richtete sich für einen Moment auf und ging unter. Im Scheinwerferlicht und bei Hundegebell marschierten wir in den Wald zu Gruben. Ich wusste im Vorhinein, dass wir am Rande zu stehen kommen werden, damit die Soldaten uns von dort hinunterschießen und zu Fetzen machen konnten. Ich hatte das Bild vor mir, ahnte nicht, woher es kam. Als ich am Grubenrand stand und im Begriff war, mich zu entkleiden, wie angeherrscht, wurde es still. Die Bäume bewegten ihre Zweige im Wind, aber es war kein Rauschen zu hören.
»Der Führer kommt.«
Ein Soldat sagte es dem andern, dieser Ruf schwoll allerdings

an, es stand alles habt acht. Adolf Hitler hatte irgendwo sein Fahrzeug verlassen und kam mit gedämpften Schritten, denn er ging über einen Moosboden, auf uns zu. Links und rechts geschniegelte Ordonnanzen.

»Ist hier irgendwo ein Schindel?«

»Nix dich melden«, sagte mein Nebenmann an der Grubenkante. »Das ist der sichere Tod.«

»Du hast recht. Wir müssen klug sein«, sagte ich.

»Wer muss klug sein«, fragte Hitler.

»Ich heiße Schindel.«

»Mitkommen! Die andern – wie gehabt.«

Im Speisewagen des Führers gings zur Wolfsschanze. Ich speiste Weintrauben und trank Weißbier. Angekommen, sah ich, dass eine Menge Generale und Generalfeldmarschalle herumliefen. Alle salutierten sie vor mir. Einer trug eine schwarze Augenbinde.

»Was macht Wotan hier«, fragte ich den Führer.

»Man kann nie wissen«, sagte er.

Im schönsten Zimmer des Anwesens durfte ich Platz nehmen auf seinem Schoß.

»Magst du mich am Schnurrbart ziehen«, fragte Hitler mich und strich mir immer wieder übers Haar. Er öffnete den Mund, lächelte freundlich, und ein leichter Knoblauchduft machte sich bemerkbar. Ich stutzte.

»Josef«, fragte ich, und Freudeswellen durchliefen meinen Körper.

»Bei uns bist du besser aufgehoben, Genosse Schindel«, sagte Stalin. »Aber weil du ja doch ein wurzelloses Subjekt bist, kannst du nicht auf meinem Schoß sitzen bleiben.«

Draußen wartete ein Wagen und brachte mich flugs in ein Pio-

nierlager. Die Kinder waren zwar erwachsen und trugen statt rote gelbe Pioniertücher, aber sonst wars sonnig und warm. Als ich mich einhauste, kamen viele gelaufen und erzählten mir, Hitler hätte einen Tobsuchtsanfall bekommen und Wotan erschossen. Da kamen zwei Rotarmisten und führten mich ab. Schon wieder wurde ich in einen Wald gefahren. Als es deswegen zu schneien begann, fuhr ich aus dem Schlaf. Rund um den Kopfpolster lagen Haarbüschel. Ich stand auf, holte mir einige Gläser Wasser.
Womöglich an die zwanzig Mal träumte ich diesen Traum. Was will da reden? Was möchte sich vernehmlich machen?

2

Neunzehnneunundachtzig beim Döblin-Preis begegnete mir Edgar Hilsenrath das erste Mal. Er las aus dem *Märchen vom letzten Gedanken*. Zum zweiten Mal bemächtigte sich ein deutschsprachiger Jude der armenischen Tragödie. Was für eine Sprache! Die hastigen Wortchoreographien, kurzatmig und scharf, öffneten den Raum, und herein strömten die Düfte des Orients. Gestalten wurden sichtbar und entfalteten auf der Stelle ihre Einzigartigkeit. Ich konnte sie vor mir sehen, das Hilsenrath'sche Wortkino war in Schwung. Günter Grass, der bei dem von ihm gestifteten Preis also im Publikum saß, nahm immer wieder erstaunt die Pfeife aus dem Mund und schaute über den Vorlesenden drüber womöglich in die Gegend, die sich uns allen dargeboten hatte.
Und leider vertraut ward das Geschehen. Der Genozid an den

Armeniern, dieses konsequent beschwiegene erste große Verbrechen des zwanzigsten Jahrhunderts, ruft die Erinnerungen an den zweiten Genozid auf: Brüder und Schwestern des Untergangs. Bis zum heutigen Tag hat die Türkei ihre Schuld von 1915 nicht eingestanden. Mich wundert es, dass bei den Diskussionen um den Beitritt die Europäer von der Türkei nicht dies Eingeständnis damaliger Schuld einfordern.

Das Flüstern der toten Armenier könnte über die Landesgrenzen dringen. [...] Es würde ein großes Geflüster werden, wenn alle, die Opfer waren auf dieser Welt, sich plötzlich mit ihren geflüsterten Klagen melden (Edgar Hilsenrath: Das Märchen vom letzten Gedanken).

Flüstern nicht alle uns zu, die wir herumrennen auf dem Planeten mit den vertilgten Familien im Rucksack? Aber was möchten die Opfer denn vernehmlich machen durch das Geflüster?

»*Ich heiße Ranek und war ein pfiffiger Mensch.*« – »*Ich heiße Sara, verheiratet, schön.*« – »*Ich heiße Fred, war der Bruder von Ranek und hatte einen Goldzahn, der meinem Bruder noch von Nutzen war.*« – »*Ich bin Wartan Khatisian, der Vater von Thovma.*«

Edgar Hilsenrath hat Ranek und Fred, Sara und Deborah, Sigi, Kanner, Rosenberg und die beiden Gottschalks und Levi unter der Treppe noch wirklich vernommen, mögen sie nun so oder anders geheißen haben. Er war einer von ihnen in Transnistria, dorthin er deportiert wurde. Er war dabei, und die starben alle – nicht Deborah –, verreckten, wurden ertränkt, erschossen; starben alle jüdischen Tode, und das sind nahezu alle gewaltsamen, und er überlebte.

Ohne es damals zu wissen, war Hilsenrath zum Fährmann geworden in der Stunde seiner Errettung. Er trug Konterbande in sich, die Flüsterstimmen, die aber nicht flüsterten: »Zeuge von mir, ich habe gelebt.« Hilsenrath ist kein Künder, kein Auftragnehmer. Denn die Stimmen flüsterten irgendwas. Sie waren verschliffen, kamen aus der Tiefe der Zeit, aus den Abschuppungen eines Dichterlebens, aus den Erfahrungen des Ruben Jablonski, aus den Flüchen des Bronsky:

Hakenkreuz heißt heut anders.
Ranek braucht mich nicht mehr, und außerdem ist es besser, wenn ich nicht mit ansehen muss, wie sie ihn, zusammen mit den andern, auf den großen Karren packen.
Ja, lieber Itzig. Gott ist ein großer Versager. Was hat er getan, als seine Kinder in die tiefen Massengräber purzelten? Welche Armee hat er zur Hilfe geschickt? Die Würmer! Lieber Itzig. Die Würmer!
(Edgar Hilsenrath: Bronskys Geständnis)

Aber von den Stimmen der Vertilgten der Judenschoah führen offenbar psychische Kanülen zu den älteren armenischen Stimmen. Diese nun hat Hilsenrath womöglich so empfangen wie ich die Stimmen aus den Erschießungsgräben des Rumbulawaldes. Sind wir also Übersetzer? Müssen wir sogar übersetzen?
Nach meiner Lesung beim selben Döblin-Preis, wo er gemeinsam mit Einar Schleef den Preis bekommen hatte, kam Edgar auf mich zu. Ich hatte den Prolog aus dem Roman GEBÜRTIG gelesen, der sich intensiv mit der Judenopferproblematik herumschlägt. Er gab mir die Hand, sah mir in die Augen und sagte:

»Sagen Sie, sind Sie Jude?«
»Da kann man nichts machen«, antwortete ich damals.

3

Was steckt hinter den Katastrophen? Wer waren die Menschen, wer sind sie, die ihnen zum Opfer fielen? Gewöhnliche, ungewöhnliche, scheußliche, liebenswürdige Leute. Leute wie du und ich, ausgesetzt der extremen Bedrohung, und diese bestimmte ihr Dasein. Den Opfern entströmte, bevor sie geschlachtet wurden, keine besondere Aura. Sobald sie bedroht wurden, entwickelten sie Strategien, Abwehr- und Schutzhaltungen, die durchaus das Barbarische der Täter spiegelten. Die Leistungen von Aleksandar Tišma, Imre Kertész und Edgar Hilsenrath bestehen vor allem darin, den Gräuelsachverhalt in der ganzen Breite sowohl der Banalität als auch der Widersprüchlichkeit darzustellen. Die Täter-Opfer-Moral ist aufgehoben: Seht hin, hört zu, was sich begeben hat. Kratze den Film gediegenen Menschentums von der Kreatur, und der Kannibale steht vor dir. Er ist in uns allen.

Die ausgepochten Herzen, die in den Wäldern liegen, die nächstliegenden Gedanken, die aus den in Rauch aufgegangenen Schädeln sich längst wohin verflüchtigt haben, aber auch die weißhaarigen Biederköpfe der ehemaligen Massenmörder bringen uns zu der Frage: Wie hätten denn wir getan und gelitten?

Wäre ich in Birkenau hingesprungen und hätte das Hirn, das aus mit Gewehrkolben eingeschlagenen Schädeln einiger Häftlinge rann, aufgeleckt, irre vor Hunger, wie dort wirklich geschehen? Zu welchen Taten wäre ich selber fähig? Gnädig sind jene Zeiten, in denen wir nicht in solchen Proben sind.

Hilsenraths Dichtung führt uns also auch heraus aus den Selbstgerechtigkeiten. Er ist ein Dichter des Verborgenen, denn er hebt in seiner Sprache und Figurenzeichnung eben jenes Janusgesicht aus Barbarei und Menschenwürde aus der Tiefe des Geschehens. In den knappen Dialogen, in den verzweifelten Verrücktheiten seiner Verlierergestalten, im fabulierenden Sound, in der Farbenpracht seiner Horizonte läuft unüberhörbar das Schweigen mit. Dieses Schweigen ist auch das *Argumentum e silentio*. Es breitet sich aus bei Paul Celan, in *Kapo* bei Tišma. Es durchbrüllt nahezu das Werk von Kertész. Es ist unabdingbar.

Das Verborgene aber macht die Ermordeten nicht lebendig. Das Verborgene aber macht für die Nachgewachsenen die Ermordeten lebendig. Für die Nachgewachsenen stellen Fährmänner wie Kertész, Celan, Levi, Tišma und Hilsenrath die Würde der Zertretenen wieder her, weil sie sie mit den wahrhaftigen Stimmen übersetzten, mit ihren verschorften, flüsternden, überkippenden, glucksenden, hysterischen, müden und verstummenden Stimmen.

4

Der Fährmann Hilsenrath, dieser Dichter ist heute zu rühmen. Mit seinen Werken überquert er den Styx in umgekehrter Richtung: von den Toten zu uns, vom Vergessen zum Erinnern.

Ist das nicht überhaupt die Aufgabe von Literatur und Kunst? Das Unsichtbare sichtbar zu machen? Das Verborgene zu bergen, es am Springquell des Faktischen zu zeigen? Deswegen tut man Hilsenrath Unrecht, wenn man ihn ins Ghetto der Holocaustschriftsteller einweisen will.

Jeder hat seine Themen. Welche Themen ein wahrhafter Schriftsteller auch immer hat, es wird Literatur sein. Denn auf das Wie kommt es an.

Hilsenrath ist unser Lakoniker allerhöchster Prägung. Die Wirkung, die von seinen Texten ausgeht, speist sich aus dem indirekten Verfahren, denn er weiß: Jede Sache, die mit einem unangemessenen Wort bedeckt werden will, zieht sich zurück, und das Wort steht da in seiner Leere und Phrase. Es sind die kleinen Worte, die Beiläufigkeiten, die Witze, welche die Räume aufreißen und dem Leser einen Begriff und die Aura des Ungeheuerlichen geben.

Deshalb ist es ganz falsch, Hilsenrath gleichsam als Zeitzeugen zu würdigen und nicht als Dichter. Nichts gegen verschriftete Zeitzeugen allerorten. Sie sind unentbehrlich. Aber ein Schriftsteller wird man nicht, weil man Unglaubliches erleben musste.

Indes ich das hier schreibe, ist mir soeben ein Gedanke eingeschossen, und ich werde nervös: Feuchtwanger. Ich habe vergessen, dass Edgar den Lion-Feuchtwanger-Preis bekommt. Dieser geschichtsbewusste, elegante, mit klaren Strukturen im Aufbau seiner Romane arbeitende Schriftsteller hat mich vor allem in meiner Jugend enorm beeindruckt. Extreme Figuren durchatmen seine Werke: Beaumarchais, Goya, Maultasch, Süß Oppenheimer, aber auch der kalte Gang der Geschwister Oppermann. Doch eine Figur von Feuchtwanger könnte auch unter der Pullmankappe von Hilsenrath entstanden sein: der jüdische Historiker Josephus Flavius mit seinem wilden ab- und aufgebrochenen Leben, geschildert in Feuchtwangers *Jüdischem Krieg*.

Abgesehen von der aufklärerischen Potenz kommt irgendwas an jenem Werk Feuchtwangers dem Edgar Hilsenraths sehr nahe. Doch vermutlich wäre der *Jüdische Krieg* des Preisträgers im fragmentierten und zersplitterten Wortballett zu einer aus Farcen gebauten Brücke geworden, die das damalige Palästina mit den Untiefen des heutigen Nahen Osten verbunden hätte. Denn Hilsenrath ist ein durch und durch heutiger Dichter.

5

Lassen Sie mich nochmals von den Stimmen sprechen. Letzten Sommer fuhr ich mit einem Freund nach Riga. Die Großmutter von Christophoros wurde am achten Dezember neunzehneinundvierzig im Wald von Rumbula erschossen. Mein Großvater Salomon und sein Erstgeborener, der schizophrene Georg, wurden am selben Tag dort ermordet, nachdem man sie sechs Tage zuvor von Wien hierher deportiert hatte. Wir beschlossen also, den Rumbulawald aufzusuchen. Chris wollte die zwölf Kilometer von der »Moskauer Altstadt« zu Fuß gehen, um nachzuempfinden, wie es den Großeltern am Weg wohl ergangen sei. Ich gab nach zwei Kilometern auf. Ich brauche nicht nachzuempfinden, was ich ohnehin nicht nachempfinden kann. Wir nahmen das Taxi. Dann waren wir im Rumbulawald.
Ich weiß nicht, wie es Ihnen geht, doch ich beäugte misstrauisch die Zeugenbäume, die damals ja noch jung waren. Wir standen vor den grünen eingefriedeten Rasenflächen, den fünf verschieden großen Erschießungsgräben, jeder an seiner statt. Ich dachte:

»Na, Salomon. So nah war ich dir noch nie.« Doch unter welchem der fünf lag er nun?
Später ließ ich je einen Stein für ihn und Onkel Georg errichten. Dort stehen die jetzt. Und lebt Salomon nicht wieder in gewisser Hinsicht?

Dem Edgar Hilsenrath hab ich dieses Gedicht gewidmet:

Im eigenen Gemach
> *Im Gedenken an Salomon Schindel*
> *Erschossen am 8. 12. 1941*
> *Im Rumbulawald zu Riga*

Neben dem Gelege schleichen die Grauschatten.
Stockdunkel ihre Kehlen, das Stimmengewebe
Überzieht den helleren Gehörgang

Wir schlafen im Nest, wir sind tot.
Doch wittern wir und nesseln gegen
Den Gelegeboden. Bussarde in der Luft

Erspähen aufkeimende Knochen. Es
Schimmert gegen den baltischen Himmel
Da ereilt uns der Besen, Kübel

Und wieder hinunter unters Gras
Sollten wir absinken, doch die Rabauken
Unter uns, wir alle, treiben uns auf

Bis wir nackt wieder heraufschimmern
Mit halben Ellen, Viertelspeichen
Dem Ringfinger, Mazel tow, als Bauchpilz.

Die Gehörknöchelchen, in denen wir
Unsere sämtlichen Stimmen speicherten,
Weht der Rumbulawestwind hin zur Tankstelle

Als dort die Rigaer Hunde die Knöchelchen
Zerbissen. Unsere Stimmen furzten aus
Den Hundsohren und blieben hernach den Espen als Tau

Seit ich aus Riga zurückgekehrt, hat mich weder Hitler noch Stalin im Traum aufgesucht. Das ist nichts Kleines.

ANMERKUNGEN ZUM
ÖSTERREICHISCHEN GEDÄCHTNIS

1

Täuschen wir uns nicht. Im Habitus des österreichischen Menschen ist das Gedächtnis auffällig. Von Beruf Zuschauer, hat er das gesamte Repertoire der europäischen Soll- und Habengeschichte gespeichert. Die Erinnerung durchschimmert und durchwebt das Territorium der österreichischen Seele aufs Prächtigste. Dem Waldweben gleich, schweben, funkeln und artikulieren sich die Taten und Gefühle der Verstorbenen und Lebendigen, zusammengehalten und im glänzenden Dirigat dargebracht, und zwar immer wieder vom Tod selbst, dessen Lieblingsvolk die Österreicherinnen und Österreicher sind, denn kein Volk verehrt und huldigt ihm so wie dieses. Aus diesem Grunde – denn die Welt kennt ihn, diesen Generalsekretär der UNO – war es ihr eine spezielle Zumutung, als in den Achtzigerjahren des vorigen Jahrhunderts ein Mann Präsident wurde, dessen endgültiger und nachhaltiger Ruhm auf seiner vorgeblichen Vergesslichkeit beruhte und beruht. Dieser Vergessenskaiser hat dieses Land auf eine Weise neu aufgesetzt, dass spätestens dann der Welt klar wurde, wie sehr hier das pragmatische Vergessen aus dem vitalsten und nahezu fürs vergangene Europa repräsentativen Gedächtnis herausgewachsen ist.

Denn die Donaumonarchie war ein Gedächtniskraftwerk, speziell für die in ihrer Haupt- und Residenzstadt agglomerierte Bevölkerung, die sich sowohl die Weltgeschichte als auch jede Wirtshausrauferei, ob in Brody, ob in Erdberg, in ihre Varietés und Theater geholt hat, um leidenschaftlich den ganzen Erinnerungsteppich zu beglotzen. Wo gibt es ein solches Theaterpublikum sonst noch? Im Kampf gegen moderne Darstellungsweisen von Geschehnissen sind diese Josefstädter Bandelkramer – wie kürzlich dieses zur bösartigen Larmoyanz neigende Publikum genannt wurde – in der Lage, sich an die Haare des Burgschauspielers Josef Kainz, verstorben 1910, genau zu erinnern, und zwar an die, welche ihm aus der Nase wuchsen. Er und die Wolter, die Eis, die Niese, der Balser und der Bassermann, der Aslan und die Albach-Retty, und herauf bis zu den Hörbigers, sie alle müssen als Zeuginnen dafür herhalten, wie beschissen und blödsinnig beliebige Traumtänzer, ausländische heutzutag, die Welt im Theater darzustellen sich nicht entblöden.

Nicht nur hätte es dies und das unterm Hitler nicht gegeben, der und die hätten niemals spielen dürfen unterm Reinhardt. Dem Reinhardt?

2

Da war doch was.
Allerdings, es war da wirklich was.
Noch ein Volk muss genannt werden, dessen Gedächtnis zu präzise ist. Die Juden – um gleich damit herauszuplatzen – haben sich im buchstäblichen Sinn alles gemerkt, was ihnen in ihrer über dreitausend Jahre alten Leidensgeschichte zugestoßen ist. Als erste Buchhalter der bekannten Welt haben sie alles aufgeschrieben und zum Diskurs freigegeben. Möglich ists, dass sie aufgrund ihres Wissens und nach Lektüre der Bücher und des Buches ihren Peinigern vergeben haben, vergessen haben sie

nicht ein ausgerissenes Haar, keine Ohrfeige, kein widerliches Wort.

Dem pragmatischen Vergessen der Österreicher steht das pragmatische Erinnern der Juden gegenüber, denn die Juden waren, ob sie es wollten oder nicht, und zumeist wollten sie es nicht, nahezu ständig auf der Bühne, um ausgepfiffen, angespuckt und abgeführt zu werden. Aus Überlebensgründen hat sich im jüdischen Habitus das Gedächtnis so herausgebildet, dass es wie ein Schild, wie eine Tarnkappe, wie ein Kompass gegen tagtägliche Bedrohung eingesetzt werden konnte.

So standen sich also bereits in der Monarchie zwei Gedächtnisweltmeister gegenüber.

3

Hier und dort floss zusammen, was als Sturmflut weiterging, als Ausbrennung endete, weswegen wir überhaupt heute so beisammen sind.

Wir dürfen uns die Juden aber nicht als vorwiegend gebildete Schicht vorstellen, die den Ungebildeten und Barbaren Anlass zu Neid und Hass boten. Die meisten Juden waren selber arm, ungebildet, rückständig in sich selbst und ihren Gott verbohrt, vor allem die Massen in den Weiten des europäischen Ostens. Von dort enteilten auch die Söhne der Enge der Städte und der Aberstirnigkeit der Orthodoxie, liefen ihrer Haskala entgegen, tauchten unter in der Aufklärung und emanzipierten sich mit Windungen und Wendungen zu jenen Bürgern zweiter Klasse, die sie bis zum Ende der Monarchie praktisch geblieben waren.

Dieser Tigersprung aber vom Mittelalter in die Zeitgenossenschaft binnen zweier Generationen löste mürrisches Erstaunen aus, das sich vor allem in Wien gegen Ende des neunzehnten Jahrhunderts zum ebenso zeitgenössischen Judenhass fortentwickelte, der nun auch zur Grundausstattung künftiger Generationen gehörte.

Zwar prägten die Juden diese Stadt mehr noch als das übrige und geschrumpelte Land, zwar nahmen sie sowohl an den sozialen Kämpfen teil, mischten auch mit bei Wissenschaft und Kunst und hinterließen ein Erbe, von dem unsre naseweise Republik bis heute zehrt und lebt.

Schließlich musste allerdings der Jud weg. Bloß sein Gerschtl blieb da.

4

Nach der Schoah war es still hier. Keiner gestikulierte, keiner schrieb, malte, forschte und komponierte, keiner von jenen, die vor dem Krieg vor aller Augen dies getan hatten. Das störte keinen. Die jüdischen Wiener gingen den nichtjüdischen nicht ab, schon gar nicht, da diese in großer Zahl in den Wohnungen jener saßen, deren Kunstwerke besaßen, deren Lehrstühle einnahmen.

Die provinziellen, kleinflächig durchgepausten Nachkriegsjahrzehnte, in denen wir erwachsen wurden, fanden deshalb ohne Juden statt. Aber merkwürdig: Wenn ich als Jugendlicher durch die Straßen ging, erkannten mich die Erwachsenen mit sicherem Blick.

»Na, was machen deine Leit in Israel, he?« Zwar hatte ich keinen in Israel, sondern nahezu alle in den Wolken und im Erdreich jenes Ostens, in welchen sie zum Ermorden zurückgebracht wurden, aber die Bevölkerung hier erkannte mich als jenen von jenen, die vertilgt worden waren.

Es war da und ist da, unbestechlich, das kulturhistorische Gedächtnis der Wiener, es funktioniert. Nicht nur hat jeder Heutige irgendwie dem Lueger noch die Hand gegeben, auch jeder Jetzige erkennt irgendwie den Juden. Wenn man sich hierzulande auf etwas wirklich verlassen will, dann ists der Judenhass, der verborgene, der unter der Tuchent, der mit dem Tarnhelm der Freundlichkeit. Doch wenns drauf ankommt, steht er zur Verfügung, der alte, neue, grindige, fesche Antisemitismus, der leise und der laute, die Bussi-Bussi-Judeophobie ebenso wie die mörderische. Es ist die Schrotflinte im Keller. Manche lassen sie verrosten, viele pflegen sie, ölen sie, üben bissl mit ihr.

Die paar Juden, die inzwischen hier wieder leben, sind in einer vertrauten, aber dennoch neuen Situation: Ich habe lange nicht verstanden, warum so viele Wiener Jüdinnen und Juden immer wieder den Satz wiederholen: »Wir könnten hier nicht leben, wie wir leben, wenn es Israel nicht gäbe.«

Doch wenn ich sehe, wie in Europa die Sinti und Roma noch immer und schon wieder herumgeschubst werden, auch und vor allem weil sie kein Land haben, dann beginne ich den Satz zu begreifen.

5

Israel. Um Gottes willen, Israel. Von mir aus um Gottes willen und Gott sei Dank. Von mir aus auch gottlos.

Da ist es, dieses Israel, hervorgegangen nicht aus Recht und Unrecht, sondern aus mehr und weniger Unrecht. Als Produkt der Schoah, als verlängerte Geschichte, als grauenhafter Schlusspunkt und Neuanfang der Judenheit zugleich.

Kaum gegründet, von allen Nachbarn überfallen. Die arabischen Länder erlitten eine schwere Niederlage damals, die Israeli waren nicht zimperlich im Überlebenskampf, denn wer zimperlich ist im Kampf ums nackte Leben, der ist schon tot, das wussten die Juden nach der Schoah besser als andere. Sie kämpfen noch immer ums Überleben. Sie sind immer noch nicht zimperlich geworden.

Ich möchte mich hier nicht über den vielfältigen und sich nahezu als unlösbare Aufgabe gerierenden Friedens- und Kriegsprozess im Nahen Osten ausbreiten. Er ist ohnedies durchmasert von allen Spielarten menschlicher Gemeinheit, Dummheit und Brutalität, und es ist gewiss nicht bloß eine Seite, die das Übermaß solcher Machenschaften wieder und wieder generiert.

Aber in Israel – ein Blick in die zeitgenössische Kunst und Literatur zeigt es – findet eine lebendige, widerspruchsvolle, bisweilen überbordende Auseinandersetzung statt über all das Vergangene, all das Gegenwärtige, das Schuldbeladne. Die Sehnsucht nach Frieden ist unübersehbar.

Ein neuerlicher Holocaust durch die Bombe, von wem auch immer, zerstreut den Rest der Juden wiederum, macht uns in der Diaspora erneut zum Spielball. Das lehrt die Geschichte. Doch geht es alle etwas an, und schon gar in diesen Breiten und Tiefen, ob es dem iranischen Präsidenten etwa gelingt, einen neuen Holocaust einzuleiten, unter dem verdrießlichen Wegschauen einer gewissen Europaöffentlichkeit, mit klammheimlicher Freude und von bald offenem Beifall begleitet. Ich meine jetzt nicht, dass diese Freude und der Beifall anhalten würden, sollte Israel tatsächlich ausgelöscht werden. Dann wird es schon etwas Wehklagen geben, und keiner wird Schuld und Anteil daran gehabt haben. Gut fürs Klima ist so etwas auch nicht.

Wegschauen ist bekanntlich kein Verbrechen, und warum soll denn schon wieder auf die Juden geschaut werden, die sich doch ständig selbst in die Bredouille bringen. Es wird aber eine Schuld sein, die den ganzen Planeten schwer erkranken lassen wird, wenn wir den Staaten und Leuten nicht energisch entgegentreten, welche die Vernichtung Israels verkünden. Wir müssen überhaupt allen entgegentreten, welche Vernichtung verkünden.

Es ist und wäre kein Trost, wenn das iranische Volk für das Verbrechen seines Präsidenten, so er dazu in der Lage wäre, blutig und schwer bezahlen müsste. Welchen so gestrickten Führern war und ist je das eigene Volk wichtig gewesen?

6

Als Jude lasst mich jetzt zum sechzigsten Geburtstag Israels diesem gratulieren. Dabei denke ich auch an die, welche von ihren eigenen Führern damals in die Katastrophe geführt wurden. Es wird noch lange dauern, bis du, Israel, mit deinen Nachbarn und mit dir selbst in Frieden leben kannst. Ich wünsche es dir um deinetwillen, um meinetwillen, aber auch um deiner nachbarlichen Vettern willen.

Das österreichische Gedächtnis aber weiß genau, was es verdrängt, wenn seine Träger Israel mehr oder weniger einseitig die Schuld zuweisen an den Zuständen im Nahen Osten. In dieses Verdrängen ist eingestickt, dass die Rechten unter uns es ja immer gewusst haben: Die Juden sind unser aller Unglück. In dieses Verdrängen ist eingestickt, dass die Linken unter uns es immer gewusst haben: Der Jude ist nun mal die Personifizierung des raffenden Kapitals, wie Marx sagte. Und nun durchherrscht er die USA und trägt zum Imperialismus dieser Supermacht sein blutiges Scherflein bei.

Und es ist die Schrotflinte im Keller: Das Verdrängte ist nicht verdrängt. Es steht allezeit dem besten Mordstheaterpublikum der Welt zu Diensten.

Und wehe uns, wenn solche Zuschauer – wie schon gehabt – Akteure werden ...

7

Ich habe die Geburtstagsgrüße an dich, Israel, unterbrochen. Ich setze sie fort und schließe: Schalom uns allen.

VOM LERNEN DER STADT SALZBURG

ANMERKUNGEN ANLÄSSLICH DER BÜCHERVERBRENNUNG AM 30. APRIL 1938, SALZBURG, RESIDENZPLATZ

Was für ein schöner Platz. Was für eine schöne Stadt. Die Menschen bewegen sich kreuz und quer in ihr, der eine geht so, die andere so, ganz wie in anderen Städten auch, sie eilen und verharren, sie füllen diese Stadt, sie sind sie. Ich sitze im Café Bazar und schaue auf den Fluss. Der Ober grüßt mich, indem er mit der rechten Augenbraue rauf und runter geht. Gut kenne ich diese Stadt nicht, ich weiß aber, sie macht einiges her. Seit neunzehnzwanzig veranstaltet sie ihre Festspiele, sodass die Welt Notiz nahm von dieser Stadt.

Nun soll ich, der Schriftsteller aus einer anderen Stadt, die auch was hermachen musste, mich auf diesen schönen zentralen Platz hinstellen und etwas über das Ereignis vor neunundsechzig Jahren sagen, ich soll mich zur einzigen Bücherverbrennung auf damals nicht mehr österreichischem Boden äußern.

Gibt es etwas, das zu den Bücherverbrennungen des Mai dreiunddreißig noch nicht gesagt wurde? Jahr um Jahr und landauf, landab gedenken wir jenes Symbols von Intoleranz, Geistesvernichtung, Sprachverbot mit einem gerüttelt Maß an Toleranz, Geistigkeit und Wortreichtum. Am häufigsten zitiert wird dabei Heinrich Heine und sein Satz vom Verhältnis Bücherverbrennung und Menschenverbrennung. Dabei wurden und werden doch viel häufiger Menschen verbrannt als Bücher. Im Dritten Reich allerdings war die Bücherverbrennung das Menetekel der Menschenverbrennung.

Ich stelle mir vor, ich bin ein Schriftsteller und lebe in Berlin in den Zwanzigern und Dreißigern des vorigen Jahrtausends. Da kommt der zehnte Mai dreiunddreißig, harmlos wie eine Frühlingsratte, und: ... ich finde mich in einer Menschenmenge stehen und sehe zu, wie sie meine Bücher verbrennen. Vierundzwanzig deutsche Schriftsteller, die symbolisch für immer ausgetilgt werden sollten, rief Herr Goebbels triumphierend beim Namen. Ich bin der Einzige der vierundzwanzig, der persönlich erschienen war, um dieser theatralischen Frechheit beizuwohnen.

Ich stand vor der Universität, eingekeilt zwischen Studenten in SA-Uniform, den Blüten der Nation, sah unsere Bücher in die zuckenden Flammen fliegen und hörte die schmalzigen Tiraden des kleinen abgefeimten Lügners. Begräbniswetter hing über der Stadt. Der Kopf einer zerschlagenen Büste Magnus Hirschfelds stak auf einer langen Stange, die, hoch über der stummen Menschenmenge, hin und her schwankte. Es war widerlich.
Plötzlich rief eine schrille Stimme: »Dort steht ja Kästner!« Eine junge Kabarettistin, die sich mit einem Kollegen durch die Menge zwängte, hatte mich stehen sehen und ihrer Verblüffung übertrieben laut Ausdruck verliehen. Mir wurde unbehaglich zumute. Doch es geschah nichts. Die Bücher flogen weiter ins Feuer. Die Tiraden des kleinen abgefeimten Lügners ertönten weiterhin. Und die Gesichter der braunen Studentengarde blickten, den Sturmriemen unterm Kinn, unverändert geradeaus, hinüber zu dem Flammenstoß und zu dem psalmodierenden, gestikulierenden Teufelchen.
In dem folgenden Jahrdutzend sah ich Bücher von mir nur die wenigen Male, die ich im Ausland war. In Kopenhagen, in Zü-

rich, in London. – Es ist ein merkwürdiges Gefühl, ein verbotener Schriftsteller zu sein und seine Bücher nie mehr in den Regalen und Schaufenstern der Buchläden zu sehen. In keiner Stadt des Vaterlands. Nicht einmal in der Heimatstadt. Nicht einmal zu Weihnachten, wenn die Deutschen durch die verschneiten Straßen eilen, um Geschenke zu besorgen. Zwölf Weihnachten lang! Man ist ein lebender Leichnam.
Es hat zwölf lange Jahre gedauert, bis das Dritte Reich am Ende war. Zwölf kurze Jahre haben genügt, Deutschland zugrunde zu richten. Und man war kein Prophet, wenn man, in satirischen Strophen, diese und ähnliche Ereignisse voraussagte. Daß keine Irrtümer vorkommen konnten, lag am Gegenstand: am Charakter der Deutschen. Den Gegenstand seiner Kritik muß der Satiriker natürlich kennen. Ich kenne ihn ...
(Erich Kästner: Zwischen Krieg und Frieden, 1946)

Lassen Sie mich zurückverwandeln vom deutschen Satiriker Kästner in den, der ich heute bin. Oder doch noch nicht: Ich stelle mir vor, ich bin ein deutscher Schriftsteller, aufgewachsen hier ums Eck in Bayern, bekannt für sowohl meine deftige Schreibweise als auch für meinen ausladenden Körperbau. Neunzehnvierunddreißig besuchte ich in Lederhosen den Roten Platz zu Moskau. Gerty Schindel, die Mutter des späteren Schriftstellers – ich hab den nie kennengelernt, aber er mich –, begegnete mir dort und rief: »Jessas, Genosse Graf, ziehen Sie sich doch eine lange Hose an, wir sind im Herzen des Sozialismus.« Da liefen schon die Leute, lauter Russen, zusammen, umringten meine Krachlederne und beglotzten sie ausführlichst. Was blieb mir übrig: Ich ging ins Lux, zog mir eine lange Hose an und besuchte damit den Stalin.

Ich bin schon wieder abgeschweift. Wir waren im Mai dreiunddreißig, ich war aber grad zufällig im Ausland. Nach dem zehnten Mai stellte ich fest: Meine Bücher wurden gar nicht verbrannt. Wutentbrannt setzte ich mich hin und schrieb diesen Brief:

Wie fast alle links gerichteten, entschieden sozialistischen Geistigen in Deutschland, habe auch ich etliche Segnungen des neuen Regimes zu spüren bekommen: Während meiner zufälligen Abwesenheit aus München erschien die Polizei in meiner dortigen Wohnung, um mich zu verhaften. Sie beschlagnahmte einen großen Teil unwiederbringlicher Manuskripte, mühsam zusammengetragenes Quellenstudienmaterial, meine sämtlichen Geschäftspapiere und einen großen Teil meiner Bücher. Das alles harrt nun der wahrscheinlichen Verbrennung. Ich habe also mein Heim, meine Arbeit und – was vielleicht am schlimmsten ist – die heimatliche Erde verlassen müssen, um dem Konzentrationslager zu entgehen.
Die schönste Überraschung aber ist mir erst jetzt zuteil geworden: Laut »Berliner Börsenkurier« stehe ich auf der weißen Autorenliste des neuen Deutschlands und alle meine Bücher, mit Ausnahme meines Hauptwerkes »Wir sind Gefangene«, werden empfohlen! Ich bin also dazu berufen, einer der Exponenten des »neuen« deutschen Geistes zu sein!
Vergebens frage ich mich, womit ich diese Schmach verdient habe.
(...)
Nach meinem ganzen Leben und nach meinem ganzen Schreiben habe ich das Recht, zu verlangen, dass meine Bücher der reinen Flamme des Scheiterhaufens überantwortet werden und nicht in die blutigen Hände und die verdorbenen Hirne der braunen Mordbanden gelangen.

Verbrennt die Werke des deutschen Geistes! Er selber wird unauslöschlich sein, wie eure Schmach!
(Oskar Maria Graf)

Also jetzt her mit der Rückverwandlung. Ob es im April achtunddreißig das Café Bazar bereits gab? Wäre ich ein Salzburger gewesen und Jude dazu und Schriftsteller damals, ich wäre lieber im Café sitzen geblieben und hätte auf die Salzach geschaut, indes sie hier auf diesem Platz mit einem Ritual begannen, das sich so anhörte: zuerst die Rede von Landesrat Springenschmid, einem drittklassigen Schriftsteller, der – wie so viele – davon träumte, dass die Werke der Konkurrenten in Flammen aufgehen sollten. Dies wurde aber nicht laut, sondern er sprach:
»Wir haben uns hier eingefunden, um die Bücher jüdischer und klerikaler Autoren zu verbrennen. Wenn wir hier von klerikalen Autoren sprechen, so verstehen wir darunter keineswegs etwa Männer, die religiöse Schriften über den katholischen Glauben geschrieben haben. Wir verstehen darunter nur jene Leute der Systemzeit, die den katholischen Glauben für politische Zwecke missbraucht haben. Bei aller Achtung vor dem Glaubensgut unseres Volkes zwingt uns die Erfahrung der vergangenen Jahre, den politischen Katholizismus nach wie vor als Gegner zu erkennen. So wollen wir in dieser Stunde, am Vorabend des Tages der deutschen Arbeit, die Einheit der Arbeit des Geistes und der Arbeit der Hand sinnbildlich darstellen. Verbrannt, vernichtet sei alles, was an klerikaler Knechtung und jüdischer Verderbnis den Aufbruch einer wahrhaft deutschen Kultur behinderte. Das Ja am 10. April muss jeden Tag, jede Stunde wiederholt werden. Du hast den Führer gewählt, du musst dich immer und überall zu ihm bekennen. Es darf nicht beim alten

bleiben. Fort mit allem Spießertum, fort mit aller Bequemlichkeit. Eine Gasse der deutschen Freiheit auch hier in dieser Stadt, die man das deutsche Rom nannte.«

Hernach ward der Bücherstoß angezündet. Ein Zehnjähriger rief:

»Ins Feuer werf ich das Schuschnigg-Blatt ›Jung-Österreich‹, das uns zum Verrat an Volk und Reich bringen wollte! Wir aber, die Jugend Adolf Hitlers, wollen eins sein mit dem Reich.« Ein Hitlerjunge:

»Ich werfe in die Flammen das ›Vaterländische Lesebuch‹ des Ministers Pernter. ›Vaterländisch‹ hieß er es. Vaterland, damit meinte er das Österreich der Schufte und Schurken. Uns aber ist Vaterland das große heilige Reich aller Deutschen.«

Und so fort. Mächtig loderte die Flamme empor, immer wieder angeschürt und neue Nahrung erhaltend. Jetzt trat ein Bauer vor:

»Heilig sind uns Bauern Sitte und Brauch. Drum sei das Buch verbrannt, das unserer germanischen Ahnen bestes Erbe umgelogen hat für das politische Geschäft eines christlichen Ständestaates. Frei will der Bauer sein.« Und ein SA-Mann:

»›Dreimal Österreich‹ hieß Herr Schuschnigg dieses Buch des Verrates und der Lüge. Nicht ›Dreimal Österreich‹, Herr Schuschnigg, sondern einmal Deutschland.«

Inzwischen hatte ich den Kaffee ausgetrunken, schlich mich zum Bahnhof und versuchte zu entkommen.

Neunundsechzig Jahre ist das her. Was hat sich alles geändert seither: keine Spur von Bücherverbrennung, Zensur und Ähnlichem. Frei und unablässig prallen die Meinungen aufeinander,

wie es sich gehört in einer Demokratie, die Buchhandlungen sind voll von Büchern, jeder kann buchstäblich alles lesen; auch die Stadt Salzburg hat doch gelernt aus jenen Ereignissen. Obwohl: Erinnern Sie sich an das Aufklärungsstück WAS HEISST HIER LIEBE?, geschrieben vom Berliner Autorenkollektiv »Rote Grütze«, inszeniert von Peter Hegelmann in den Kammerspielen des Salzburger Landestheaters anno Domini neunzehnhundertvierundachtzig? Zwar wurden die Textstellen, in denen Kirche und Religion kritisch betrachtet werden, gestrichen, dennoch: Eine Filmbegutachtungskommission und Vertreter der Schulbehörde erklären das Stück für pädagogisch zweifelhaft. Daher wird es erst ab fünfzehn Jahren freigegeben. Landeshauptmannstellvertreter Hans Katschthaler erklärt das Stück für nicht förderungswürdig. Die Sprache sei zotenreich, ordinär und fäkal. Der Leiter des Katechetischen Amtes rät in einem Rundschreiben allen Religionslehrern vom Besuch des Stückes ab. Prälat Franz Wesenauer sieht unter den Besuchern »sicher anfällige junge Leute, die dann durch Triebaufheizung zu Verbrechern werden können«. Neunzehnhundertsechsundneunzig wird WAS HEISST HIER LIEBE? erneut auf den Spielplan gesetzt. Erzbischof Georg Eder nimmt dies zum Anlass, dem Verein der Freunde des Salzburger Landestheaters seine Unterstützung zu entziehen.
Der damalige Springenschmid, antiklerikal und deutschnational bis in die morschen Knochen, Arm in Arm mit dem Erzbischof? Eine Verirrung, eine vereinzelte...
Wäre da nicht der Schriftsteller und Regisseur George Tabori anno Domini neunzehnhundertsiebenundachtzig und seine Inszenierung von Franz Schmidts Stück DAS BUCH MIT SIEBEN SIEGELN. Aufführungsort: die Kollegienkirche der Salzburger Universität.

Eine Nacktszene darin, und der Universitätsdirektor Spruzina, der Rektor Dalfen eilen zum Erzbischof – nicht Eder, sondern Karl Berg. Der verlangt die Absetzung der Inszenierung. Der damalige ÖVP-Generalsekretär Graff spricht von Genital-fäkal-anal-Kunst und will die Aufführung auf ein öffentliches Klo verlegen lassen. George Tabori wird in der Salzburger Öffentlichkeit antisemitisch angegriffen. Die Produktion wird nach der Premiere abgesetzt.
Aber nun beginnt Salzburg wirklich zu lernen:
Anno Domini neunzehnhunderteinundneunzig errichtet Anton Thuswaldner eine pyramidenförmige Skulptur aus vierhundert Einkaufswagen rund um das Mozartdenkmal. Mehr hat er nicht gebraucht:
Die Salzburger *Krone* tut, was sie gern tut, Kampagne wegen Verschandelung und Verschwendung von Steuergeldern. Aber Vizebürgermeister Herbert Fartacek bleibt standhaft gegen die Angriffe. Salzburg lernt. Leider ordnet aber dann der Bürgermeister Lettner die vorzeitige Entfernung der Installation an.
Schließlich versuchte man anno Domini neunzehnhundertfünfundneunzig Werner Schwabs Radikalkomödie VOLKSVERNICHTUNG ODER MEINE LEBER IST SINNLOS zu verhindern. Erfolglos.

Hier stehen wir und gedenken der Bücherverbrennung achtunddreißig, indes ununterbrochen in vielen Teilen der Welt Menschen verbrannt werden. Achten wir womöglich darauf, dass jene Symbolakte uns nicht und nie den Blick verstellen für die aktuellen Barbareien, die unter unseren Augen geschehen.
Dass aber Salzburg heute zum zweiten Mal sich an diese Schande vom dreißigsten April erinnert, sei ihm hoch angerechnet.

Womöglich lassen die Stadt und auch gewisse kirchliche Kreise die Künstler hier arbeiten, und man setzt den Index ein für alle Mal auf den Index. Denn der Meinungsstreit ist das eine, Verbote etwas ganz anderes.

Nebenbei: Es liegt im Wesen jeglicher Orthodoxie, gleichgültig welcher Religion und Ideologie, eine Welt der eigenen Dogmen zu errichten, in denen nur diese Platz haben. Deshalb mögen die Religionen bei sich selbst anfangen, in die Toleranzen zu gehen, und die weltlichen Ideologien mögen folgen. Dann werden sie keine Bücherverbrennungen mehr veranstalten in Zukunft und auch nicht unter solchen zu leiden haben.

DISPLACED LIBRARY

EIN VIERTELJAHRHUNDERT
LITERATURHANDLUNG MÜNCHEN

Seit einem Vierteljahrhundert ist in Deutschlands einstiger Hauptstadt der Bewegung Bemerkenswertes zu beobachten: Aus den Lüften, aus dem Erdreich, auch vom Viktualienmarkt und Blutenburg, Wien, New York, Tel Aviv, aber auch aus Frankfurt am Main und an der Oder, Hamburg, Berlin, sogar aus Detmold kommen täglich, wöchentlich, monatlich, jährlich seltsame Gestalten zusammen. Sie treffen einander in einer kleinen Straße, klumpen sich aneinander und schrumpfen zu rechteckigen Behältern von Buchstabenfleisch und Satzzeichenblut, rascheln, stauben und rauschen. Man möchte meinen, bevor diese Gestalten sich in das Behältnis verwandeln, haben sie noch rasch einer wuscheligen, schlanken und dunklen Frau mit lächelnden Augen die Hand gegeben, in etlichen Sprachen ein Willkommen gemurmelt und lassen sich dann von ihr und ihren Mitarbeiterinnen in die Regale schubsen. Dort wenden sie uns den Rücken zu und warten je nach Temperament launig oder mürrisch, dass wir sie an den Hüften herausziehen, damit sie ihre Arme ausbreiten können, um uns alsobald zu verschlingen und wir sie.

Der aufgewirbelte Staub mitsamt unzähligen Gliedmaßen, menschlicher Asche, aber auch mit Lächeln, Weinen, inneren Diamantengruben, äußeren Gelassenheiten, hatte sich noch nicht gänzlich auf die Trümmerlandschaft Europa gelegt, als an einem der Sammelplätze übriggebliebener Personen, welche davor durch die Lande und Waldschaften geirrt waren, um ein Zipfelchen von früher, von Heimat, von Verwandtschaft zu finden, vergebens allermeist, in Deggendorf jene Frau – um etliche Zentimeter kürzer und einige Takte jünger – geboren wurde.

In jenem Jahr wird ein älterer Herr vom Rhein die Bundesrepublik Deutschland gründen und fest an den demokratischen Westen annähen. Auferstanden aus Ruinen und dem Gelde zugewandt, verwandelte sich, wie bekannt, in einem guten Jahrzehnt die Trümmerheide in einen blühenden Kommunenverband. Westdeutschland schritt behände in seine Zukunft, und es schienen die Millionen, die in den Wolken und im Erdreich und im Exil einst gewaltsam verschwunden wurden, niemandem abzugehen. Ärmel aufkrempelnd, aus dem Boden stampfend, klotzend, nicht kleckernd, flankiert von Bernwundern, Ostverträgen, deutschen Herbsten, aber auch von Warschauer Kniefällen, kam diese Bundesrepublik herauf auf unsere Gegenwart, vereinigte sich schließlich sogar mit ihren rot gesottenen Teilen im Osten und steht da als glückhafte Gestalt, welche die Muttermale ihrer Geburt mit Samt und Seide abzuschatten vermochte.

Wenn schon die Juden – um es auf einmal herauszusagen – nicht mehr da waren, so sollte doch womöglich Zeugnis abgelegt werden, wer diese Leute waren und im Ausland – und spärlich hier – sind, was für Sitten und Gebräuche sie haben. Dafür, dass sie als Wanzen & Ratten vertilgt wurden, hatten sie offenbar erstaunlich Menschenähnliches hervorgebracht, sie und ihre Vorfahren. Und so versammelte die von Literatur und Erinnerung durchdrungene Frau aus Deggendorf an der Donau nun seit einem Vierteljahrhundert in der kleinen Fürstenstraße diese ganze Packelrass, sie schuf sich und den Überlebenden, den Nachgeborenen die Mischpoche neu, sie holte die Familie herein in die Öffentlichkeit. Sie gründete eben die Literaturhandlung unweit vom Hofbräuhaus und Bratwurstglöckl, nächst der Osteria, Schellingstraße, wo Deutschlands beliebtester Massenmörder Adolf H. einst speiste und brütete.

Ich weiß nicht, ob es damals die erste jüdische Buchhandlung in Europa war, in Deutschland vermutlich. Die Literaturhandlung entwickelte den Sog, der zu erwarten war für alle, welche Rachel Salamander kannten und kennen. Sie wurde zum Zentrum nachhaltig jüdischen Lebens hier und brachte so die Juden wieder unter die Deutschen. Und auch wegen dieser Literaturhandlung konnten manche Jüdinnen und Juden sich ein wenig vorstellen, wieder in Deutschland zu leben, und können es nun immer mehr und doch.

Meine vierundneunzigjährige Mutter, die einst dem Doktor Mengele und dem Apotheker Capesius an der Rampe von Birkenau begegnen durfte, sagt mir, als ich ihr mitteile, dass ich nach München fahre: »München? Das hat ja mehr Nazis als Einwohner.« Da hat sie noch nicht recht. Ich sage ihr, ich fahre zu Rachel Salamander, deren Literaturhandlung fünfundzwanzigsten Geburtstag feiert. Gerty Schindel antwortet: »Hier sind wir – und wo ist Herr Hitler?«

Da hat sie schon recht. Wir leben eben ewig.

DER KUGELSCHREIBER ALS SPATEN
IMRE KERTÉSZ IN UNS

Hören wir auf
Nach einem Sinn zu suchen
Wo keiner ist:
Das Jahrhundert
Dieses unablässig diensttuende
Erschießungskommando
Bereitet sich wieder einmal
Auf eine Dezimierung vor ...

Imre Kertész: Kaddisch für
ein nicht geborenes Kind

Alles, Alles,
Alles weiß ich,
Alles ward mir nun frei.
Auch deine Raben
Hör ich rauschen ...

Brünnhilde in der »Götterdämmerung«
zitiert bei Imre Kertész in: Protokoll

1

Wir gehen durch die Straßen, sehen die Hausmauern entlang an den Fenstern vorbei. Diese öffnen sich selbsttätig und schleudern Schlamm herunter, Erde, zweckerfüllte, und also leere Patronenhülsen, Scheiße; die Häuser schleudern all das Vergangene, aber ihnen Gegenwärtige, auf uns Passanten. Das drückt die Antlitze zu Boden, da liegen wir, daweil die Häuser sich entleeren auf der Zeitstraße, und wenn wir danach uns erheben werden, müssen wir den Häusern unsere Schlammgesichter zeigen. Wir stehen auf, und mit den Handkanten gegenwärtigen Erfolgs schlagen wir einander den Dreck von den Anzügen. Mit Fausthieben entfernen wir dem nebenstehenden Kollegen den gebröckelten Schmutz von Wimpern und Kinn. Einigermaßen gesäubert, biegen wir um die Ecke, wo uns bereits weitere Häuser mustern.

Gegenwärtig gibt es in meiner Lieblingsstadt, in Wien also, eine Aktion, die sich *A Letter to the Stars* nennt: Schulkinder untersuchen und recherchieren, graben einen Deportierten und Ermordeten aus. Sie schießen seinen Vornamen, Familiennamen in dessen Luftgrab oder in den Waldboden oder unter grüne Hügel. Jemand findet den vierundsiebzigjährigen Salomon Schindel unter den Knochen im Rumbulawald zu Riga, saugt durch die Namensgebung meinen gemeuchelten Großvater nach Wien zurück in die Rembrandtstraße zwounddreißig hinter die Tür Nummer zwanzig, und morgen, am fünften Mai zweisechs, legt eine Schülerin, eine in unfassbarer Ferne Geborene, eine weiße Rose vor die Tür Nummer zwanzig und spricht den Namen aus, aber der Name wurde ja dort schon einmal ausgesprochen, ein

letztes Mal, und der Alte ging, den Koffer in der einen Hand, den kranken Sohn Georg an der andern führend, hinab zu den Lastwagen, welche die beiden mit allen anderen hernach zum Aspangbahnhof brachten und von dorten in den Rumbulawald.
Wenn die Rose vor die Tür gelegt werden wird, möchte es eine Generalpause geben, und das Haus Rembrandtstraße zweiunddreißig, das einst mehr als fünfzig künftig Ermordete aus sich werfen musste, hört nun einen Moment auf, Schlamm aus den Fenstern zu schleudern. Es holt gewissermaßen Atem, und ich, der ich mir vorstelle, wie die Rose vor der Nummer zwanzig liegt, morgen, ich bin einer von denen, die Imre Kertész in sich haben.
Imre, der den Kugelschreiber als Spaten benutzt, nein, Imre, der einen Protagonisten, einen Schriftsteller und Übersetzer beschreibt, welcher seinen Kugelschreiber als Spaten benutzt, um das Luftgrab, da liegt man nicht eng, den Waldboden, stecht tiefer ihr einen ihr andern, zu graben, weiter daran zu graben, damit er endlich hineinverbracht wird verspätet, damit ich, Robert, der Verspätete, der Enkel, der Sohn, weitergrabe, weil Imre Kertész in mir unentwegt seinen Kugelschreiber benutzt und ich unentwegt also auch meinen Kugelschreiber benutze.

2

Und der Schriftsteller und Übersetzer B sagt *nein* zu mir, zu uns nicht geborenen Kindern.
Dieses *Nein* bewirkt die gleiche Generalpause wie die Rose vor der Nummer zwanzig. Dieses *Nein* zu einem Kind, das B zum

Vater machen würde, zum Gott machte, wo der doch unentwegt bloß seinen Kugelschreiber als Spaten benutzt, und statt zu mir nach vorne zu schauen, blickt er unentwegt nach hinten zu seiner eigenen Jugend. Dort sieht sein Schöpfer, sein Gott, Imre Kertész, sich gehen als Jugendlicher auf der Lagerstraße zu Birkenau, und die Blocks speien Schlamm aus und Dreck und Scheiße, und die Jugendlichen der Welt heben ihre Antlitze, ihre Schlammantlitze, und schauen in die ferne Zeit, die ihnen nicht gegeben schien, sie schauen zu uns, zu mir Ungeborenem, und sie murmeln:

Erinnere dich an uns, oder bleib ungeboren.

Nein, sage ich. Ich dränge mich in die Welt, Hitler zum Trotz, im Lenz des Jahres vierundvierzig. *Nein*, sage ich, ich möchte mein Kaddisch sprechen auf euch, und zwar so, dass wir alle und alle Wohnung nehmen können auf diesem Planeten in Hinkunft und in Häusern leben, von denen bloß die Geliebten uns abholen in ihre Häuser.

Nein, antworte ich, denn Imre Kertész in mir hat mir gezeigt, dass kein einziges Lächeln selbstverständlich ist, sondern wie ein Gewitter in der Gesichtslandschaft uns bezwingen kann. Imre Kertész in uns zeigt, dass es nicht selbstverständlich ist, wenn in den jetzigen Wolken keine Gräber nisten.

Aber vielleicht wird mein Kugelschreiber, den Imre Kertész' Protagonist B als Spaten benutzt, zur Pflugschar, weil Imre Kertész in uns ist.

MEIN LINZ

SERVUS, KULTURHAUPTSTADT 2009

1

Weder kenne ich die Stadt Linz, noch gehört sie mir an, weder durchwanderte ich sie im Traum, noch träumte ich von ihr beim Wandern. Sie war Gegenstand des Unterrichts, den ich in Wien erteilt bekam; was ich damals über Linz lernte, vergaß ich, was ich später von Linz vergessen hätte können, ist mir wahrlich im Gedächtnis geblieben. Schließlich erschien mir Linz dann auch noch im Traum; so ists nun unmöglich, darüber hinwegzugehen. Über Stock und Stein – Stockbegriffe, Steinempfindungen –, durch Kraut und Rüben, mit dem Auto, mit der Bahn, nun ist sie Kulturhauptstadt Europas geworden, nun muss ich sie zum Schreibapparat nehmen und zu zerdeppern versuchen oder beschönen, eine Wahrhaftigkeit herphantasieren, da her, wo alles begann, fast alles, mit meinem irdischen Dasein, in einem Bretteldorf, irgendwo in Linz.

Die Wiener Jüdin und Kommunistin Gerty Schindel erfuhr im August 1943 große Intensitäten an Liebe und Solidarität durch den lebenslustigen ehemaligen Textiltechniker René Hajek. Sie wohnten in Paris in der Rue des Feuillantines 10 in einem kleinen Zimmer und hatten sich derart gern, dass ich alsdann ins Spiel kam. Beide waren allerdings in der *Travail Allemand* tätig, Gerty leitete die sogenannte Mädelgruppe, deren Aufgabe darin bestand, österreichische Soldaten der deutschen Wehrmacht anzusprechen, ihnen Augen zu machen und sie womöglich zur Desertion zu überzeugen. Was ihr Freund damals zu tun hatte, weiß ich nicht, jedenfalls wurden beide vom Leiter der Auslands-KPÖ per Oktober 1943 nach Österreich beschieden, um nun dort eine Widerstandsgruppe aufzubauen. Als elsässische Fremdarbeiter getarnt, sollten sie eine Agitation, ähnlich wie in Paris aufnehmen. Da Gerty allerdings in Wien noch aus der Systemzeit der politischen Polizei amtsbekannt war und dortselbst auch im Gefängnis eingesessen hatte, bis sie 1936 amnestiert wurde, sollte sie in das ihr und René unbekannte Linz gehen. Da erkennt sie keiner. Sie sah zwar prononciert jüdisch aus, und schwanger war sie auch, doch das focht die Pariser Parteileitung nicht weiter an. So fanden wir drei uns in Linz wieder, in einem Bretteldorf, wo auch andere Fremdarbeiter wohnten. Gerty heuerte als Stubenmädchen beim Hotel Maischberger an und hieß Suzanne Soël, ihr Freund Pierre Lutz.

Alles sprach also dafür, dass ich in der engeren Heimat des Führers, in seiner Lieblingsstadt zur Welt kommen sollte, dem Führer im judenlosen Linz gleichsam unterschoben. Mit Fug hätte ich hernach also von »meinem« Linz sprechen können. Doch leider, leider. Die stolzen Hermann-Göring-Werke, wie die spätere VÖEST damals hießen, mussten in Hermann-Meier-Werke umbenannt werden. Das war keine vorauseilende Ehrung des noch nicht einmal als Idee seiner Eltern existierenden späteren Schirennläufers, der sich auch anders schreibt, sondern der dicke Hermann wollte doch Meier heißen, falls deutsche Städte bombardiert werden sollten. Auf das deutsche Linz fielen nun Bomben sonder Zahl, sodass die für mich bereitgestellte Geburtsklinik zu Schutt ward, ich sowie eine Menge Linzer Babys mussten in Wels oder sogar in Bad Hall zur Welt kommen. In diesem Jodbad tat ich das auch als »Franzos«. Eine Woche nach diesem Ereignis kehrten wir nach Linz zurück. Was in den nächsten vier Monaten geschah, ist rasch erzählt: Ich trank Milch in Linz.

2

Ein junger Jude, nennen wir ihn Moritz Rabisselbaum alias Charles Bilger, geht im Juli 1944 in Linz zu einem Treff. Er ist zwar im Widerstand tätig, aber eigentlich befindet sich diese Gruppe in Wien; er musste irgendeinen Kontakt knüpfen und ist nach Linz gereist. Nun schlendert er unauffällig wie alle Illegalen über eine ziemlich neue Brücke. Ein kleines Rad kommt ihm entgegengerollt. Er bückt sich, hält es auf, ergreift es und geht damit einer jungen Frau entgegen, von deren Kinderwagen sich das Rad gelöst hat.
»Gerty«, entfährt es dem Moritz, da er die Gerty Schindel sieht. Meine Mutter tut zwar so, als kennte sie ihn nicht, und nach kurzem Zögern geht er darauf ein, und beide marschieren in verschiedene Richtungen verschiedenen Linzer Ufern zu. Zwei Wochen später wird Charles Bilger verhaftet, sein Name Rabisselbaum wird auf der Gestapo aus ihm herausgeschlagen und schließlich auch der Name meiner Mutter, sodass via Wien schnell gestapobekannt ist, dass sich die notorische Kommunistin nunmehr unter einem Aliasnamen in Linz aufhält. Rabisselbaum soll unter der Folter verrückt werden, er landet in der Wiener Irrenanstalt Steinhof und geht dort zugrunde. Meine Mutter wird im August verhaftet, mein Vater ebenso, und ich darf keine Muttermilch mehr trinken. Schließlich werden die Eltern nach Auschwitz verreist, auch meine Tage in Linz sind gezählt. Als achtzehnwöchiges Kleinkind verlasse ich diese Stadt

für immer. Aus eigenem Erleben kann ich also über mein Linz keine bemerkenswerten Aussagen machen.

3

Nun ist diese Stadt wie gesagt Kulturhauptstadt. Sie hat sich in den letzten Jahren sehr verändert, das merkt jeder. Kulturinitiativen, Innovationen, Klangwolke, Lentos undsofort änderten mehr und mehr das Bild, entfernten die Stahlstadt und Führerstadt von sich selbst und machten sie zu einem modernen und zu »unserem« Linz. Die In-Linz-beginnts-Witze veröden, der Satz »In Linz müsste man sein« von Qualtinger ist vorstellbar geworden.

Doch hat die Stadt ein Relikt aus brauner Zeit, mit welchem sie ständig an diese erinnert. Es ist diese Brücke, auf der Rabisselbaum meine Mutter getroffen hat. Zu dieser Brücke fiele mir gar nichts ein, wäre ich nicht vor einiger Zeit vor einer Lesung im Posthof von einem seltsamen Traum überrascht worden.

Es war noch gar nicht lange her, anderthalbtausend Jahre vielleicht, da zog eine hochherrschaftliche Menschenmenge ostwärts. Eigentlich war die Menge nicht hochherrschaftlich, sie begleitete einige hohe Herrschaften, als da waren: drei Brüder, deren Namen alle mit G begannen, ein Riese, der bloß ein Auge hatte, ein Fiedler aus Vicus, ferner Verwandte und Freunde der drei Brüder, die von ihrer gemeinsamen Schwester eingeladen waren, Ferien am Hofe zu verbringen irgendwo in der Nähe vom künftigen Deutsch-Wagram. Es blitzte und donnerte auf einmal an einer Furt, die sich augenblicklich mit Wasser gefüllt hatte, sodass der Tross in den Fluten zu ertrinken drohte. Da erschien ein rabenschwarzer bärtiger Mann auf einem Floß und deutete in die Nacht und brüllte: Danauf, danauf. Dort hinauf retteten sie sich allesamt bis auf ein paar Knechte und Mägde, die in der Geschichte untergingen, weil solches Volk halt immer in der Geschichte untergeht. Ein Markgraf aus dem Flecken Pöchlarn, der auch im Tross war, ließ den Mann, der sie gerettet hatte, ausforschen und schenkte ihm eine kleine Hütte mit Garten rundherum in der Nähe des späteren Weitra. Der Tross kam endlich an sein Ziel und fiel dort der Rache Krimhildens anheim. Den rabenschwarzen Mann nannten die alten Waldviertler »den auf Rüdigers Hütte«, schließlich den Hüttler. Einige Jahrhunderte später zog ein Nachfahre namens Alois wieder in die Linzer Gegend. Sein Sohn ließ an dieser Stelle von damals oder in der Nähe, das war nicht genau zu ermitteln, die Nibelungenbrücke bauen.

»Deswegen heißt das Ding so«, sagte ich nächsten Tag zum Intendanten des Posthofs.

»Davon weiß ich gar nichts«, antwortete Wilfried Steiner.

Sollte man die Brücke nicht umbenennen, Linz liegt schließlich nicht am Rhein? Es gäbe da zwei Möglichkeiten: Hitlerbrücke (Führerbrücke), denn sie ist ja die ausgeführte Idee des Führers zur Führerstadt. Oder Freiheitsbrücke (Linzerbrücke, Stifterbrücke). Im letzteren Fall würde Linz an der Donau ein Stückchen mehr auch »mein Linz« werden. Im ersteren Fall ist es ja immer schon »mein Linz« gewesen.

FRIEDVOLL NEBENEINANDER
DIE JUDEN UND DIE ALPEN

Ein unerschütterlich getreuer Stammgast Ischls
War Heinrich Eisenbach, geographisch und künstlerisch
Der gleichen Gegend zugehörig wie Armin Berg und zweifellos
Ihr höchstwertiges Produkt.
Eisenbach kam Sommer für Sommer
Und unternahm Tag für Tag
Den gleichen Spaziergang:
Auf eine schon weiter entfernte Anhöhe mit Jausenstation
Und Aussichtswarte zu Ehren der Erzherzogin Sophie
Und des nach zwei Seiten sich öffnenden Panoramas
Sophiens Doppelblick geheißen.

An diesem Spaziergang ließ sich Eisenbach durch kein
Noch so schlechtes Wetter hindern, und selbst als eines Sommers
Der berüchtigte Salzkammergutregen kein Ende nahm,
Machte der unverdrossene »Doppelblick-Liebhaber«,
Mit Wettermantel, Kapuze und Schirm bewehrt, sich täglich
Auf den Weg. Wochenlang
War er der einzige Gast, der im Jausenlokal
Seinen Kaffee einnahm, wochenlang
Erstieg er als einziger die Aussichtsterrasse und spähte
Vergebens rundum, ob sich
Vielleicht irgendwo eine
Art Lichtblick böte.

Da, eines Tages, entdeckte er oben
Einen offensichtlichen Fremden,
Dem man daheim den Besuch von
»Sophiens Doppelblick« als besonders lohnend
Empfohlen haben mochte und

Der jetzt völlig verloren dastand, nicht wissend, was
Es ihm sollte. Eisenbach
Nahm ihn wortlos an der Hand, führte
Ihn zur entgegengesetzten Barriere, deutete
Ins undurchdringlich regenverhangene Grau und
Sagte im Ton eines Fremdenführers:

»Von hier aus, mein Herr, haben die alten Juden
Den Dachstein gesehen.«

Friedrich Torberg: Die Tante Jolesch

1

Ich war lange nicht in Ischl, was sollte ich auch dort. Das war nicht mein Revier. Als angehender, als vergeblicher, als mutwilliger Autor verkehrte ich im Kaffeehaus, einmal in dem, einmal in jenem, alle in der Großstadt. Als Jugendlicher musste ich allerdings in die Berge. Als Kind muss man mitlatschen, ob man Lust hat oder nicht. Noch eine letzte Kehre, sagten meine Mutter und ihr Lebensgefährte, wenn wir vom Preiner Gscheid auf die Rax stiegen. Dass Schurli gerne dorthin ging und immer wieder, nahm mich nicht wunder. Erstens war er ein Simmeringer Arbeiterkind, bei den »Naturfreunden« seit je und valera und valeri. Nach den Februarkämpfen 1934 versteckten sich Schutzbündler wie er vor den Vaterländischen und vor der Polizei auf der Rax einen ganzen Sommer lang. Die Burschen und Mädeln beobachteten, auf Grasmulden sitzend, wie die Gendarmen den Karlsgraben heraufschnauften; bei einer gewissen Kehre standen die Jungsozis auf und verschwanden in eine der vielen Selbstversorgerhütten auf dem Raxplateau. Die Gendarmen tranken ihr Bier im Karl-Ludwig-Haus und gingen wieder von hinnen. Schurli war süchtig nach den Bergen. »Die Rax hilft immer«, sagte er, wenn er von dort zurückkam. Meine Mutter machte sich zwar nichts aus den Alpen, aber sie war dem Schurli eine gute Frau und Genossin und bestieg mit ihm die Gipfel, ob Spitzkofel oder Großvenediger, ob Simonyhütte oder bloß den Ötscher, aber von der schwereren Seite, vom Rauen Kamm. Als ich bei Trost war, begannen die beiden, mich mitzunehmen. So musste ich im dichten Schneetreiben von der Kürsingerhütte zur Prager Hütte stapfen, den Handschuh sah man nicht vor den Augen, aber Schurli war der lebendige Kompass. »Noch ein knappes Stündchen.« Ich hatte die Berge so satt, die Alpen haben schon recht, wenn sie ihre dreisten Betrampler von Zeit zu Zeit in die Täler werfen.

Ab 68 war aber Schluss mit der Natur. Was zieht uns denn in die Berge? Die Seilbahn, antwortete der junge Brecht, und mit der war ich gelegentlich noch auf Schurlis Rax. Bis es mich einmal nach Altaussee verschlug. Schuld daran war Schnitzler.

2

Vom Völser Weiher kraxeln die Schnitzlerfiguren auf schwer zu besteigende Steinnadeln. Zwischen waghalsigen Besteigungen der Felsen und den unverschämten Treulosigkeiten in den Tälern danach flirrt die Schnitzler'sche Lebenseinsicht umher, wirft den mitleidlosen Blick auf das wichtigtuerische Gehabe.

»Die Seele ist ein weites Land«, sagt ausgerechnet einer, der so eine Felsnase erstbestiegen und danach Dutzende Kinder zwischen Südtirol und Semmering gezeugt hat, deren eines hernach auch eine der Tragödien auslöst, in welchen auskristallisiert, was wir eine tiefe und schwierige Kenntnis von Menschenkindern nennen mögen.

Die Juden der Jahrhundertwende waren alle ständig in den Zerklüftungen. Bisweilen kommt es mir vor, dass die Liebe der Juden zu den Bergen auch damit zusammenhängt, dass diese etwas Egalitäres haben. Die Alpen machen keinen Unterschied zwischen Jud und Christ oder Arier, sie werfen ab, wen sie wollen. Den Unterschied müssen also die Alpenvereine machen, die sich ihre Boden- und Wurzelbezogenheit nicht von Asphaltmenschen, Geldsubjekten und Schriftmurmlern stören lassen wollten. Die bodenständigen Älpler hatten noch ganz andere Gründe, die Juden auszuschließen, wo es geht, aber in der Alpenwelt ging es leichter als in den Zeitungsredaktionen. Wie immer focht das die Juden nicht an. Sie ließen sich ihre Naturliebe, ihre Heimatliebe nicht von den Natur- und Heimatschratten rauben. Und ich war neugierig auf Aussee. Dorthin gelangt man, wenn man von der Donau kommt, indem man an allerlei vorbeifährt. An Ebensee hat mich nicht so sehr der liebliche und durchaus indolente Traunsee interessiert, sondern Mauthausens Außenkommando, das KZ Ebensee, wo mein einstiger Schwiegervater, Albert Pordes, ebenso sein Kaumleben fristen musste wie Leon Zelman. Daher musste auch mein Romanheld Herrmann Gebirtig in Ebensee weilen und sich dort seine Bitterkeit, seine Wut und seine Verlorenheit in mitteleuropäischen Welten anzüchten.

Er notiert, als er zurückkommt, um als Zeuge in einem Nazi-

prozess auszusagen, und in Altaussee sich zwischenparkt, in sein Tagebuch:
Sie nehmen Anlauf und dann laufen sie auf den Abgrund zu. Schweben hoch überm See in diesen Hängegleitern. Ich schaue ihnen vom Losergasthaus zu. Vor mir die Trisselwand, unverändert, wie mir scheint. Die Burschen fahren mit den Autos die Panoramastraße hinauf, neben sich ihre Frauen oder Freundinnen. Alle haben sie außer den Hängegleitern eine Frau dabei. Dann bauen sie das Gerät zusammen, die Frauen werden freundlich kommandiert. Sie hocken in Gruppen beieinander, die Männer reden, die Weiber hören zu. Einer geht zum Gleiter, hängt sich die Arme hinein und läuft zum Abgrund. Kaum gleitet er, steigt schon die Freundin ins Auto und fährt die Panoramastraße runter, um den Meister unten am Landeplatz zu erwarten. Daran haben die Österreicher Spaß. Wie würde ich mich fühlen als Punkt überm Altausseer See, a jüdischer Adler? Vom Dachstein tät kommen ein plötzlicher Fallwind, und drin wär ich im See und Ruhe. Hätte ich damals wie jeder? Was schreib ich für Schmonzes?
Von Ischl wusste ich eher, dass der wunderbare Leo Perutz dort begraben liegt, als dass es dort eine Konditorei Zauner gibt. Bei Bad Goisern fiel mir zuerst der erste postnazistische Bürgermeister Arnolt Bronnen ein und der nachhaltige Jörg Haider, die zickzackene Bergwelt nehme ich hin. Für die schöne Katrin und Sophiens Doppelblick hatte ich kein Organ und mochte mich über die Judenscharen immer wieder wundern, die sich auch in Adlers Höh und Ruh Saujuden nennen lassen mussten und dennoch unablässig die gute Luft mit den Berghanseln teilen wollten.
»Ein Jud gehört doch ins Kaffeehaus«, dachte ich genauso wie der einstige Ringer Ernst Weiss, als er im Doppelnelson seines Gegners schwitzte.

3

Überassimilierte sind das. Als müssten sie in einem fort beweisen, dass sie sind wie die anderen. In den Lederhosen liefen sie um den Altausseer See und tun es noch. Doch die Alpenhanseln ließen sich selten täuschen. Sie rochen aus den krachledernsten Hosen das Ghetto heraus. Unbeteiligt beobachteten sie von der Hungerburg in Innsbruck den Abtransport der Juden 1942. Mit Joppe und Gamsbart angetan, rauchten zwei von ihnen seelenruhig ihre Pfeifen, daweil sich am Bahnhof die entsprechenden Szenen abspielten. Schließlich sagte der eine zum andern und deutete auf die Judenheit unter ihm: »Ich tät mich verkleiden.« – »Als was«, fragte der andere. »Als Tiroler!« – »Auf deine Ezzes hab ich gewartet«, sagte schließlich der andere.

Wenn's wahr wäre und sich Juden auf diese Art hätten retten können! Bloß der Schauspieler Reuss konnte als Tiroler eine Zeit lang durchgehen, schließlich floh er rechtzeitig.

Ist also in der Liebe zu den Alpen der gleiche Anpassungsdruck herauslesbar wie im sattsam bekannten Patriotismus für Deutschland und die Monarchie? Ist die Liebe zum Edelweiß gleichlautend der Liebe zu den Orden und Kriegsauszeichnungen? Sind wir Juden nicht grad so verblendet und anfällig für Chauvinismus und Blut und Boden wie die anderen auch? Ist der Kaffeehausjud nicht eine Erfindung der Antisemiten, die dann von künstlerischen Juden für eine gute Idee gehalten wurde, weil Kaffeehaus an und für sich ein Seelenort ist, wo Lyrik, Quadratwurzeln und Geschäfte gleichermaßen das Fleisch dafür bilden konnten?

Oder gehören die Alpen eh erst dem lieben Gott und dann allen Menschen gleichermaßen?

Als ich dann endlich in Aussee ankam, verfiel ich diesem Ort wie so viele vor mir. Bis heute kann ich nicht sagen wieso. Hören wir nochmals Torberg:

Sehnsucht nach Altaussee

Wieder ist es Sommer worden,
dritter, vierter Sommer schon.
Ist es Süden, ist es Norden,
wo ich von der Heimat wohn?

Kam ich auf der wirren Reise
nicht dem Ursprung wieder nah?
Dreht die Welt sich noch im Kreise?
Ist es Sommer dort wie da?

Gelten noch die alten Strecken?
Streben Gipfel noch zur Höh?
Ruht im bergumhegten Becken
noch der Altausseer See?

Bot sich einst dem Blick entgegen
spiegelschwarz und wunderbar.
Himmel war nach manchen Regen
bis zum Dachsteingletscher klar.

Kulm und Kuppe: noch die kleinern
hielten Wache rings ins Land.
Aufwärts ragten grün und steinern
Moosberg, Loser, Trisselwand.

Ins Plateau zu hohem Rahmen
wölbte sich die Pötschen schlank,

und es wuchsen die Zyklamen
nur auf ihrem drübern Hang.

Ach, wie war ich aller Richtung
sommerlich vertrautes Kind!
Ach, wie war mir Wald und Lichtung,
Bach und Mulde wohlgesinnt!

Treibt's mich heut zum See? Zur Klause?
Treibt's mich auf die Blaa-Alm hin?
Wird's beim Fischer eine Jause?
Wird's ein Gang zur Wasnerin?

Wo die Triften sanft sich neigten
vom Geröll zum Flurgeheg –
ach, wo ist's, dass sich verzweigten
Hofmannsthal- und Schnitzler-Weg!

Ach, wo hat's mich hingetrieben!
Pötschen weiß ich, und Plateau.
Aber welcher Hang ist drüben?
Aber die Zyklamen – wo?

(Friedrich Torberg, in Kalifornien, 1942)

4

Heute ist Aussee ein Ort, wo ein friedvolles Nebeneinander existiert zwischen nachgewachsenen Juden, alten Nazis, deren Mitläufern und Nachkommen. Am friedvollsten sieht man es am

Friedhof. Da liegt der Jakob Wassermann zehn Meter neben dem Bruno Brehm. Und hinter der Mauer liegt der hohe SS-Mann Wilhelm Höttl. Er hat sich nach Kriegsschluss der Alliierten-Anklage als Zeuge zur Verfügung gestellt und rettete so seinen Kopf. Friedlich und nebeneinander betrieb er Jahrzehnte in Bad Aussee eine private Mittelschule. Gegen Ende seines Lebens widerrief er seine einstige Aussage, um hernach seinen Widerruf nochmals zu widerrufen. Er starb in Einklang mit seiner alpinen Welt und blinzelt zusätzlich über die Mauer zu Wassermann hinüber, der auf die Art nicht so wirklich bis zum jüngsten Tag schlafen kann. Bloß Ernst Kaltenbrunner aus Ried im Innkreis, der dann hier geschnappt wurde, konnte weder in der engsten Heimat des Führers noch hier begraben werden. Er wurde in Nürnberg gehängt. Seine Asche verstreut.

Als Torberg aus der »Emigration« zurückkam, arbeitete er eine Zeit lang bei der steirischen sozialdemokratischen Zeitung *Die neue Zeit*. Also wollte er den Altspatzen und gottbegnadeten Führerdichter Bruno Brehm interviewen. Er soll sich ihm vorgestellt haben mit dem Satz: »Grüß Gott, ich bin der Friedrich Torberg von der *Neuen Zeit*.« Bruno Brehm soll gelächelt und erwidert haben: »Na ja, ich bin der Bruno Brehm von der alten Zeit.«

Den Alpen ist das gleichgültig. Und wenn ich einst vor dem Ewigen stehe und er mich fragen wird: »Hast du meine Alpen gesehen?« werde ich nicken.

»Und?«

»Zu viele Kehren, Herr.«

UNVERBRÜCHLICHE EINSAMKEIT

MINIMA MORALIA,
KOMPASS IN TRUBELIGEN ZEITEN

1

Die Herbststürme im Wallis können beträchtlich sein. Hans Ruprecht und ich steigen mit schiefen Körpern dem kleinen Kirchlein entgegen, welches in Kniehöhe des hinter ihm aufragenden Massivs aufgestellt ist. Unten liegt das Tal der Rhône ausgebreitet und lädt zum sofortigen Verreisen ein. Ich aber möchte zum Grab eines Dichters hier in Raron, und so steigen wir weiter und halten unsere Körper gegen den großen Wind, der Regen barbiert einen dabei, wir steigen unverdrossen hoch, der Regen verwandelt sich in Schnee, untermischt mit Eiskristallen Lötschberger Machart, wir schütteln unsere Häupter wie die Hunde und lassen die spätmittelalterliche Kirche nicht aus den Augenwinkeln in etwaigen Schneewechten verwirbeln. Mit hoher Nase erklimmen wir endlich unter den Ohrfeigen der Witterung den Burghügel. Als wir das Tor zum Friedhof öffnen wollen, nimmt uns der Wind die Schnalle aus der Hand, reißt das Türl auf: Kommet herein und glotzt romantisch! Im Sturmumtosten jagen Blatt- und Zweigwerk um den bescheidenen Grabstein, unter dem der böhmische Autor ruht. Ich mache mein Foto, öffne den Mund, der Wind saugt mir alsogleich die Wörter aus dem Rachen. Hans Ruprecht vergrößert eines seiner Ohrwascheln mit der Hohlhand, und ich brülle ihm halt da hinein, was ich mir denke, und sage:
»Passt nicht zu Rilke.«

»Was?«
»Deplatziert.«
»Wieso?«
Hernach gehen wir wieder hinunter in den Ort Raron, lassen die von Ullrich Ruffiner um 1500 erbaute Kirche dort stehen, wo sie steht, besteigen den Zug, fahren über den Ort Visp nach Brig zurück.

Hier ist Theodor Wiesengrund Adorno neunzehnneunundsechzig zusammengebrochen und am sechsten August im Spital zu Visp verstorben.

Was hat diese Gegend, dass in ihr Menschen, die gar nicht hierher gehören, sich dennoch zum Sterben einfinden?

Ich gehe mit Hans in eine Wirtschaft, esse mit Käse überbackene Rösti. Eine Unbehaustheit ist in der Welt, gehört ihr an, ist in ihr heimisch.

2

Als wir aufbrachen zu jener Zeit, die heute als 1968 abwechselnd aufgepflanzt und um die Erde geworfen wird, war es mir, als ginge ich aus einer sich ständig reproduzierenden Ödnis mit schiefem Körper gegen einen Angststurm zukunftswärts. Die einheimischen Fünfzigerjahre, in denen ich Völkerball spielen musste und ums Eck in Mädchenblusen blinzeln durfte, waren wie schmiedeeiserne Tore, die da und dort in meinen Rippenkerker eingearbeitet waren. Breitärschig hockten die alten Nazis hinter den Schreibtischen des Wiederaufbaus, sangen die alten Lieder, predigten ihre Moral mit verfloskeltem Schweigen und wurden noch dazu durch den Frostwind des Kalten Krieges, der allerorten herrschte, aufgeplustert. Es gab wieder was zu essen, und die füglich erst an- und dann ausgefressenen, ständig Gummiwörter kauenden Erwachsenen durchpulsten die Gegenwart, rochen nach morschen Knochen, aber auch nach Pitralon. Ein gewisser Katholizismus hatte sich von den Fährnissen der Nazizeit wieder erholt, und in dem Ausmaß, in welchem er sich politisch weitgehend abstinent gab, in dem Ausmaß überzog er die einheimische Jugend mit altehrwürdiger patriarchaler Moral. Die nahezu vollzählig in Vereinen, Verbänden, Kammern und Parteien sich zu Hause fühlenden Erwachsenen schwiegen die Jugend an, denn es war klar, dass sie heimisch waren, bloß nicht bei sich selbst. Wenn sie aufhörten mit diesem Floskelschweigen, dann skandierten sie den Demokratie- und Wiederaufbaumarsch, in Wien gewalzt, sonst gelandlert. Mit Kaprun, Peter Alexander, der Löwinger Bühne und Heinz Fischer-Karwin kam man herauf in die europäische Zivilisation. Der Rot-Weiß-Rot-Rundfunkkommentator Vinzenz Ludwig Ostry, den die Kommunisten Westry nannten, stand am Fenster zur westlichen Welt und leierte die Vorzüge der Freiheit herunter. Die Wolfsfelle der wilden Zeit, ohnedies verlaust und verschissen, waren endgültig abgelegt, stapelten sich vor den Verwertungsanlagen. Man trug Trevira. Überall verlassene Adlerhorste, aber ich war ein Sturmvogel, ein Junggardist, so klein, aber schon ein Kommunist. Der Pepi-Onkel, vulgo Josef Wissarionowitsch Stalin, blickte gütig über die Pfeife hinweg hinein in unsere Kindheitsgefilde.

3

Man traut sich nichts zu. Wir sind so verzagt. Wer sind wir schon. Wir sind Leute, die nichts erlebt haben. Kärglich, was sich in unseren ersten zwanzig Jahrln an Lebensgestein auskristallisiert hat, verglichen mit den Stalinorgeln im Angstarsch, dem sibirischen Winterwind in den Nüstern und Gurgeln, den Zwickerbusseln der unverbrüchlichen Zwangskameraderie in den Schanzen und in den Etappen, auf den Wachtürmen und bei den aufmarschierenden Plünderungen. Nun sitzen die Überlebenden des Kursker Bogens mit denen bei Monte Cassino vor den neuen Fernsehgeräten, die frischen und zärtlich gehätschelten Bäuche auf Couchtischchen geparkt. Endlich Frieden und Freiheit, endlich Wohlstand, der wärmt mehr als der Anstand.
Einige von uns beginnen Lederjacken zu tragen, rumzustänkern. Wir haben ein Packl statt ausrasiertem Nacken. Halbstarke nennt man uns, unterm Adolf hätts das nicht gegeben. Hören Negermusik. Tanzen offen, gehören ins Arbeitshaus.
Auch die Sozialdemokraten richten sich ein, verzeihen den Nazis, was die ihnen angetan haben, beschwichtigen jene Genossen, welche das Lied *Mit uns zieht die neue Zeit* ernst nehmen wollen.
Und so blieb es. Die Schwerkraft der Verhältnisse ließ die Gespenster, die einer wegpusten wollte, wieder auf den heimischen Boden zurücksinken. Die lagen also einher, aßen Vergangenheiten, verdauten sie langsam und blähend, der Duft lag auf uns drauf, wir waren verzagt. Wer waren wir schon?
Die alten Kommunisten, ehemalige KZ-Häftlinge, unterschieden sich im täglichen Gebaren nicht von den Kreta- und Narvikkämpfern. Irgendwie spießig, selbstzufrieden im Alltag, entroll-

ten ihren Mündern rote Spruchbänder mit weißer Schrift, aus ihren Rückgraten wuchsen die roten Fahnen und wackelten im Wind, so schritten sie zuhauf, Asche im Herzen, das Grauen der Vergangenheit im Trauerspeicher, die Gemütlichkeit, die schweinsbratene Gemütlichkeit bei der Kinderaufzucht. Gibt es ein richtiges Leben im falschen?
»Was hast du gesagt? Ich versteh nicht.«
»Gibt es ein richtiges Leben im falschen?«
»Es gibt bloß ein Leben. Dann ist Schluss. Basta. Gott sei Dank, Freundschaft, Rotfront.«

4

In den Sechzigerjahren ist ein Dialog hierzulande aufgekommen zwischen Christenmenschen und Kommunistenkindern. Der Kreis 63 gründet sich, Tauwetter in der Sowjetunion, sehr kurz, nicht besonders warm. Dem Ernst Fischer fallen plötzlich die Dogmen von den Augen, und er beginnt, im Verein mit anderen Sehenden, Jungkommunisten mit Zweifelssuppen zu füttern. Aus Ostberlin singt einer namens Biermann lustige Lieder, ein emigrierter Jude schreibt Texte, welche Studenten im fernen Berkeley in beträchtliche Aufregung versetzen. Die Neger beginnen, Onkel Tom zu beerdigen und schwarze Fäuste in den Himmel zu strecken, einer von ihnen hat einen Traum. Mit den Gesängen, die aus dem Geheul der Beatniks hervordrängen, kommt die Kritische Theorie über uns. Sie kommt auf uns herab. In der kleinen Stadt Frankfurt werden auf einmal Paradiesfrüchte gezogen. Aus dem winzigen Tübingen, nah dem Turm am Neckar, nehmen wir Utopia wahr, besser gesagt einen anderen Mann mit Pfeife, der schon seit Jahren an speziellen Paradeissuppen sich versuchte und sie uns nun darbietet.

Mir kommt vor, von einem Tag zum anderen verzieht sich der Mief.

Aber er verzieht sich nicht, wir beginnen ihn zu lesen, anstatt an ihm zu würgen. Ich lese ihn durch Adornos Worte. *Minima Moralia. Reflexionen aus dem beschädigten Leben:*

Noch der Baum, der blüht, lügt in dem Augenblick, in welchem man sein Blühen ohne den Schatten des Entsetzens wahrnimmt; noch das unschuldige Wie schön wird zur Ausrede für die Schmach des Daseins, das anders ist, und es ist keine Schönheit und kein Trost mehr außer in dem Blick, der aufs Grauen geht, ihm standhält und im ungemilderten Bewußtsein der Negativität die Möglichkeit des Besseren festhält. Mißtrauen ist geraten gegenüber allem Unbefangenen, Legeren, gegenüber allem sich Gehenlassen, das Nachgiebigkeit gegen die Übermacht des Existierenden einschließt. Der böse Hintersinn des Behagens, der früher einmal auf das Prosit der Gemütlichkeit beschränkt war, hat längst freundlichere Regungen ergriffen. Das Zufallsgespräch mit dem Mann in der Eisenbahn, dem man, damit es nicht zu einem Streit kommt, auf ein paar Sätze zustimmt, von denen man weiß, daß sie schließlich auf den Mord hinauslaufen müssen, ist schon ein Stück Verrat; kein Gedanke ist immun gegen seine Kommunikation, und es genügt bereits, ihn an falscher Stelle und in falschem Einverständnis zu sagen, um seine Wahrheit zu unterhöhlen.

Genau. Frühling 1967. Wir sind Studenten. Wir haben das Establishment satt, den Mief. Wir haben es satt, was die in Vietnam

machen. Wir haben es satt, was die seit Jahr und Tag mit uns machen. Die Teilwahrheiten, die Freizeitlügen, ihre Gedächtnisleistungen, den Märchenton, die Parolen, ihr »Glücklich ist, wer vergisst«. Wir haben Marcuse im Tornister. Wir rauchen den Bloch'schen Joint. Es ist kein Krieg. Es ist Krieg. Wir haben Adorno im Seesack. Wir lesen die *Pariser Manuskripte*, die *Grundrisse* von Karl Marx. Wir sprechen Brechts *Lasst euch nicht verführen* und singen die *Marie A.*
Schafft zwei, drei, viele Vietnam. Dieses Lied, Nicola und Bart, ist für euch und Angela ...
Wir sind nicht mehr verzagt. Auch wir sind was oder wer. Die Große Verweigerung kriecht uns entgegen, ein Alligator, und blinzelt.

Durch die Anpassung an die Schwäche der Unterdrückten bestätigt man in solcher Schwäche die Voraussetzung der Herrschaft und entwickelt selber ein Maß an Grobheit, Dumpfheit und Gewalttätigkeit, dessen man zur Ausübung der Herrschaft bedarf. Wenn dabei in der jüngsten Phase der Gestus der Herablassung entfällt und Angleichung allein sichtbar wird, so setzt gerade in solcher vollkommenen Abblendung der Macht das verleugnete Klassenverhältnis um so unversöhnlicher sich durch. Für den Intellektuellen ist unverbrüchliche Einsamkeit die einzige Gestalt, in der er Solidarität etwa noch zu bewähren vermag. Alles Mitmachen, alle Menschlichkeit von Umgang und Teilhabe ist bloße Maske fürs stillschweigende Akzeptieren des Unmenschlichen. Einig sein soll man mit dem Leiden der Menschen: der kleinste Schritt zu ihren Freuden hin ist einer zur Verhärtung des Leidens.

5

Diese Sprache. Diese Gegenrede. Zeitgleich mit Celans *Todesfuge* am anderen Ende der Welt entstehen die *Minima Moralia*.
Angewandte Empörung. Dialektik der Entfloskelung.
Was dir widerfährt, wohin eine Engführung dich bringt, es öffnet sich ein Tal, es lädt ein, in einfachen Schuhen komplizierte Wege zu durchschreiten, in den Formationen des täglichen Naturwuchses die menschlichen Abarbeitungen zu erkennen und zu denken.

Unter den Paradiesfrüchten aus Frankfurt befindet sich auch allerlei Zwergobst vom speziellen Wiesengrund:

In der Erinnerung der Emigration schmeckt jeder deutsche Rehbraten, als wäre er vom Freischütz erlegt worden.

An der Psychoanalyse ist nichts wahr als ihre Übertreibungen.

Der lautlose Lärm, der aus unserer Traumerfahrung seit je uns gegenwärtig ist, tönt dem Wachen aus den Schlagzeilen der Zeitungen entgegen.

Bei vielen Menschen ist es bereits eine Unverschämtheit, wenn sie Ich sagen.

Der Splitter in deinem Auge ist das beste Vergrößerungsglas.

So durchwanderten wir dieses Gedankenrhizom und stießen unvermeidlich auf die zweite Lese. Da war uns bereits eine Bussole erwachsen, womit wir die Türchen in den Gehäusen der vernachlässigbaren Größen finden können, öffnen, um zu uns zu finden und zur Welt. In den winzigen Ausstülpungen, die beim Zusammenschluss von *An Sich* und *An und für Sich* entstehen, sind Zeichen eingestickt, Fährten, Übergänge, die gelegentlich glücklich machen können.

Heute löcken die meisten mit dem Stachel.

Wie manchen Dingen Gesten und damit Weisen des Verhaltens einbeschrieben sind. Pantoffel – »Schlappen«, slippers – sind darauf berechnet, daß man ohne Hilfe der Hand mit den Füßen hineinschlüpft. Sie sind Denkmale des Hasses gegen das sich Bücken.

Der Antisemitismus ist das Gerücht über die Juden.

Jedes Kunstwerk ist eine abgedungene Untat.

Fremdwörter sind die Juden der Sprache.

Das Ganze ist das Unwahre.

6

»Was hast du gesagt«, ruft Ruprecht. Wir stehen vor Rilkes Grab.
»Das Ganze ist das Unwahre«, sage ich. »Sagt Adorno.«
Hans Ruprecht brüllt gegen den Wind: »Er starb in Visp.«
Ich brülle zurück: »Hört nicht im Herzen auf zu sein.«

JANUSKOPF

EIN COCKTAIL

1

»Das Ganze ist das Unwahre. Diese Welt wird durchtrieft von einem Moloch, der kniet auf den Lungen der Menschheit, er tritt die Regenwälder nieder, er durchschnalzt frühe Kulturhemisphären mit der Nilpferdpeitsche globaler Maximalprofite«, sagt einer, der aussieht wie Fritz Teufel, ihr wisst, der Kerl aus der Kommune 1, Berlin 1968, und er schaut mich mit dem woodstock-gelinden John-Lennon-Blick an. Ich liege im Bett und überlege, wie denn dieser Sandalenprediger in meine Heimstatt gedrungen ist, um mir Sympathie für den amerikanischen Traum von Weltherrschaft zu unterstellen.

»Das Zusammenspiel von Rassismus, Zionismus und Imperialismus bildet den Golem des einundzwanzigsten Jahrhunderts aus«, sagt mein Achtundsechzigergenosse und windelt mir die Bettdecke herunter. »Deine Leute«, sagt er mit Blick auf meine Körpermitte, »pfui Teufel.«

Alle lachen, weil Fritz Teufel als John Lennon »pfui Teufel« sagt. Ich greife nach der Tuchent, ich mache dabei Ruderbewegungen beim Versuch, mich zu bedecken, da ertönt von hinten ein Fanfarenstoß, ich rudere auf dem Nil Richtung Gelobtes Land, daweil sie den Verrätertriumphmarsch blasen. Mein Floß, Kon-Tiki heißt es, möchte zum Roten Meer. Zum Gelben Meer, hep, hep. So wache ich auf, denn im Sender Ö3 hat eine Moderatorenstimme »Sie Depp« gesagt.

2

Es war einmal eine Nachkriegszeit, die neunzehnachtundsechzig zu Ende ging. Herrschaften, wir waren so unterwegs. Wir waren unterwegs zu silbrigen Gefilden der Selbstverwirklichung, zu goldenen der Gegenöffentlichkeit, zu roten der Revolution.
Dass ich Jude bin, spielte damals womöglich keine Rolle. Denn auch im tiefen Deutschland fragten manche Studenten ihre versulzten Väter: »Papi, was hast du im Krieg gemacht?«
Wann ists endlich aus mit dieser abgewirtschafteten Generation, die das Wirtschaftswunder erlebt hat, bestaunt hat und geschwitzt hat dafür und geschwiegen und bramarbasiert hat. Und gespuckt haben die Leutchen sowohl in die eigenen Hände als auch auf uns, die wir von ihrem Schweiß und ihrem bitteren Leben profitieren, wir Friedens- und Wohlstandskinder. »Solange ihr unter den Schornsteinen des Wirtschaftswunders wohnt, habt ihr zu tun und fortzusetzen, was folglich und füglich wir der Nazizeit entwunden und in die ungeliebte Demokratie gerettet haben.« Wahrlich, das Ganze war das Unwahre.
Allüberall, in der Kunst, in der Literatur, in der Gesellschaft, wollten wir die formierte Bagage – das Establishment – aufbrechen, eine Büchse der Pandora muss aufgesprengt werden, damit der Ungeist und die Barbarei dieses Jahrhunderts für alle sichtbar entweichen.

3

Als linker Jude will ich mich nicht unterscheiden von den linken Österreichern und Deutschen. Wir schmieden am Bündnis mit der studierenden Jugend, wir, die studierende Jugend, wir haben dieselben Ziele.

Doch der Antiamerikanismus ist ein rüstiger Wanderer. Vierschrötig und braunhemdelig bekämpft er das Negeramerika, das Judenamerika, das ja schon immer der nordischen Nation ans Eingemachte wollte. Er wanderte in den Vätern. Die machten nach dem Krieg einen faulen Frieden mit Amerika, verführt vom Marshallplan.

Aber in Sandalen und mit Nickelbrille, mit Levis-Jeans marschiert der Wanderer gegen das imperiale Amerika, das westlich-pseudodemokratische Amerika. *Ami go home. Drei, vier, viele Vietnam.* Er wanderte in den Söhnen und Töchtern. Er kommt herum, dieser Wotan.

4

Das Wahre ist das Ganze.

Der Achtundsechziger sitzt auf meiner Bettkante, »Schau her«, sagt er zu mir, und er zeigt mir seinen Januskopf. »Die Naziväter«, sagt er, »sind unerträglich. Aber der US-Imperialismus ist erst recht unerträglich. Israel aber ist ein Kettenhund dieses US-Imperialismus. Hier haben unsere Väter einen Punkt erwischt. Denn wer hat Einfluss auf die amerikanische Politik? Wer strebt – halten zu Gnaden – nach Weltherrschaft? Schon Papi hats gesagt, er ruhe in Frieden.«

Der Achtundsechziger auf meiner Bettkante senkt sein Haupt, sodass ich beide Scheitel sehe. Er räuspert sich und spricht weiter: »Was immer er im Krieg gemacht hat. Es war grauenhaft. Und hat nicht einmal mit den Seinen die Herrschaft des US-Kapitals und des damit verstrickten Judentums verhindert, sondern beide sogar gestärkt. Halbe Sachen, verlorene Sachen.«

5

So hat sich im Zentrum der von mir geliebten und wunderbaren Achtundsechzigerbewegung etwas erhalten, das uns ans Leder geht. So muss das »verhasste Amerika«, das uns von Hitler mit befreit hat, den Judenstaat schützen. Und meine Achtundsechziger und ihre Kinder müssen in ihrem Hass auf Amerika die Vernichtung Israels billigend in Kauf nehmen um der Befreiung der *Verdammten dieser Erde* willen.

Ja, aha, sie kritisieren nicht Amerika, bloß die jeweilige und jede Administration. Sie sind berühmt für ihre Differenzierungen, meine Achtundsechziger.

Vor etwa zwanzig Jahren haben die jüdischen Achtundsechziger den Pakt mit den nichtjüdischen kündigen müssen. Damals sagte Wolf Biermann: »Bindet eure Palästinensertücher fester. Wir sind geschiedene Leute.«

Aber das sind ja doch noch immer auch meine Leute. Drum träume ich so wunderbar ...

MAN IST VIEL ZU FRÜH JUNG

Sagen Sie ihm,
Dass er für die Träume
Seiner Jugend
Soll Achtung tragen, wenn
Er ein Mann sein wird

Friedrich Schiller: Don Carlos

Man ist viel zu früh jung
Heut, wenn man wär,
Da hätt man was davon

Arthur Schnitzler

1

Rückwärtsblickende in der späten Mitte des Lebens verfallen gelegentlich dem Tunnelblick. Die Augen schauen zur Vergangenheit, zu einem blinkenden Segel, das mit guter Luft gefüllt einst Kurs nahm und dem Menschen im Boot die Nase mit Zukunftsdüften würzte. Spätere Zeiten, jüngere Vergangenheiten werden nicht so wahrgenommen, denn jenes Jugendsegel blinkt wegen seiner unschuldsvollen und rotblonden Lichtquelle, dieser damaligen Sonne, aus dem womöglich gar nicht so sonnigen Damals.
Jener Tunnelblick statuiert auch die Veteranenschaukel, die uns

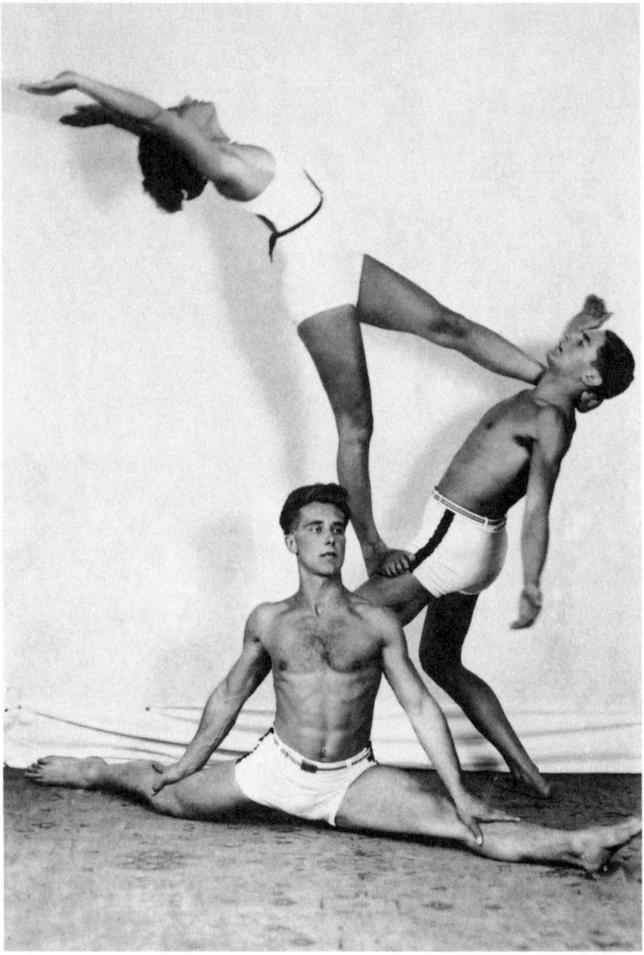

Alte stempelt und gegen die wenig zu bewirken ist. Im Flickflack von heutiger Melancholie und damaligem Feuer bilden sich kondensierende Wahrheitspartikel, welche den Blick auf die Sachverhalte von damals auf ein Sfumato prallen lässt. Die Weichzeichen der verklungenen Zeit wollen gleichsam Feuer und Melancholie zu einem Hoffnungsspeicher synchronisieren.

So kommen wir Grauschädel, Dickbäuche, Faltenkatarakte, Charaktergesichter, Alkoholnasen, rankschlanke Guterhalter zusammen, erkennen einander schmunzelnd, trinken was, singen die alten Lieder, zitieren den alten Marx, Lenin, Brecht, sympathisieren mit Attac und versichern einander.

Wodurch wir uns im Gebaren von den Stalingrad- und Smolenskkämpfern unterscheiden für einen jungen Heutigen, das ist eine beleidigende Frage ohne Antwort.

Die Inhalte, natürlich die Inhalte.

Wir waren ja die notorischen Inhaltisten und haben aus Mangel an Gelegenheit keinen erschossen aus dem Schützengraben heraus oder wie es der Häuserkampf gebot.

2

Wir Altachtundsechziger, die sich übrigens in den letzten fünfunddreißig Jahren noch stärker vermehrt haben als die Brechtassistenten, sind den Nachkommen und uns selbst ein Ärgernis.

Schon damals wollten wir nicht erwachsen sein, also nicht diesen öden Zustand unserer autoritären Eltern erreichen, um als grad solche Arschlöcher vor die noch zu zeugenden Kinder zu treten. Schon damals wollten wir die Welt verjüngen, den Gesamtzusammenhang agierender Personen zu sympathisierenden Alters- und Zeitgenossen oder zu Gegnern machen, welch Letztere dem Verdikt unserer Geschichte verfallen: Vorläufige, Antiquierte, vom Ungeist Kontaminierte, Abzutretende. Traue keinem über Dreißig. Dieser Slogan akzeptiert die ab neunzehnachtunddreißig Geborenen. Kein Nazivitamin in der Grundausstattung.

3

Kinder, war das ein Fest. Den spießigen Fünfzigerjahren, in welchen wir die Fladen, die aus sauertöpfischen und ignoranten Phrasen herausgebacken waren, fressen sollten, diese bigotte Fortsetzung der Dreißigerjahre, welche die schön-schaurigen und blutsaufenden Vierziger verhängen sollte, sodass sie bloß als brauner Lampion das Veteranenhafte anschien, setzten wir auf einmal ein fröhliches ALLE MACHT DER PHANTASIE entgegen, ob mit Spaziergangdemonstrationen, mit Happenings, mit Cafétheater, mit woodstockartigen Kommunikationsgesprächen.
Die Befreiung der Menschheit von ihren menschlichen Peinigern musste unbedingt mit der persönlichen Befreiung von unserer Hemmung, Autoritätsfixierung und Untertanenmentalität einhergehen. *Es gibt kein richtiges Leben im falschen.*
Der Revolutionär, der nach getanem Kampf für die Arbeiterklasse heimkommt und seine Frau haut, seine Kinder schurigelt, war so unakzeptabel wie die reinen Genussspechte, die sich in der Art äußerten: Was geht mich Vietnam an, ich hab Orgasmusschwierigkeiten. Ich wollte dazwischen sein – keine Orgas-

musschwierigkeiten, aber Solidarität mit Vietnam. In gewisser Weise waren wir Kinder des Olymp mit diesem gesellschaftlich-anthropologischen Ansatz, und der junge Marx – jung wie wir – war unser Prophet, auch wenn wir schon bald statt *Pariser Manuskripten* und *Grundrissen* mit den Kapitalarbeitskreisen begannen.

Diese Rotsonnen einer bestimmten politischen Unschuld, nicht schuldig am Nazitum, nicht schuldig am Stalinismus, Kinder, die in den Ruinen Räuber und Gendarm, das hieß Franzosen gegen Vietminh spielten, also auch unschuldig am geschichtslosen und verlogenen, zugleich aber auch heroischen Wiederaufbau unserer Republik, diese Rotsonnen beleuchteten unsere Betten und blendeten zugleich unsere Spiegel. Wir wussten auf ein einfaches Gefühl: ich liebe dich, keine Antwort, zugleich hielten wir die Welt als Sandkorn zwischen den Fingern. Und die Hoffnungen? *Verlasse nicht als Guter diesen Planeten, sondern verlasse einen guten Planeten.* Diese unverbindliche Liebe zur Utopie.

Wir konnten uns damals zu Gutmenschen nicht auswachsen, obwohl wir die Moral dafür schon im intellektuellen Futteral hatten, weil wir mit unseren eigenen, persönlichen Widersprüchen *am Schlaf der Welt rührten*, rühren wollten und nicht mit einer sich durch Abstraktheit den Weg bahnenden Ideologie. Die erbten wir schnell und verfielen ihr in den Siebzigerjahren, dem womöglich dümmsten Jahrzehnt des zwanzigsten Jahrhunderts, wenn auch das harmloseste hierzulande.

4

Es ging alles seinen sozialistischen Gang. Wir schlossen ab. Wir überantworteten das Geschick der Welt den alten Ideologien, weil wir mit unserer neuen Weltsicht nicht weiterkamen. Individuelle Befreiung von Zwängen und Kampf für eine bessere Gesellschaft, für die Emanzipation der unterdrückten Klassen und Völker, dies ging nicht zusammen, und wir liefen dutzendweise in den Neostalinismus, Neotrotzkismus, Neorevisionismus, alles alte Hüte. Wir wiederholten die Auseinandersetzungen in Brüssel 1903 zwischen Menschewiki und Bolschewiki siebzig Jahre danach in aller Unschuld, als würde uns zuliebe die Geschichte sich wiederholen, damit wir die gleichen Fehler zu machen Gelegenheit fänden. Und wurden schuldig. Eine Blindheit überzog uns, deren Symptome schlimmer als die Krankheit war: Gefühllosigkeit, Sprachverlust und Phrasenpracht. Die hoffnungsvollen Köpfe des Landes verbrachten ihre Lebenszeit mit dem Auslegen und Anwenden von Lenin-, Stalin- und Trotzkizitaten, Maozitaten, als hätten wir einer unserer autoritären Elterngeneration zwillingsverwandten Geschichtsgeneration das Opfer unserer Eigenständigkeit zu liefern.
Dort wurden wir erwachsen, vergaßen die Träume unserer Jugend und stellten uns zu Diensten. Die Macht der Phantasie dankte ab, die Phantasien von Macht, von Dünkel und von Totalitarismus infizierten uns.

5

Der Thermidor der Achtundsechziger, die K-Gruppenzeit, also die verbalen Maoisten, Trotzkisten, Kommunisten als Revisionisten, das Erwachsenwerden einer Generation im Bernstein der Ideologien, baute den Tunnel von damals nach heute. Wären wir in diesem Prozess des Ausdifferenzierens nicht den Ideologien verfallen, hätten wirs damals so gewusst, wie wirs jetzt vielleicht wissen, wir hätten uns die Herzverfettungen erspart.
Nein, wir hätten uns gar nichts erspart. Denn es musste so sein. Meine Generation musste nochmals durch. Es ist vom Nationalsozialismus und der Schoah der Prozess des Erwachsenwerdens von sozialistischem und emanzipatorischem Bewusstsein durchschnitten worden. Der Giftzahn hat die Silben des Menschenwortes durchbissen und kontaminiert. Wir mussten unter komfortableren Bedingungen die alten Fehler wiederholen und zum Teil die Träume unserer Jugend verraten. Sie aber nun, grauschädelig, dickbäuchig, charaktergesichtig, wieder zu Bewusstsein zu bringen und sie zu respektieren möge den Tunnel zum Einsturz bringen. Sich den Staub anschließend aus den Augen zu reiben, dazu bedarf es eines zweiten Lebens, welches wir ja alle haben. So kriegen wir womöglich doch noch einen freien Blick auf alle offenbar notwendigen Dornbüsche und Schulddistelagglomerationen.
Die rote Sonne kann ohnedies nicht abdrehen, solange der Planet mit Menschenleben bevölkert ist. Es gibt bessere Chancen als je, dass die Phantasie an die Macht kommt. Aber es wird etwas dauern, und inzwischen können wir unser Veteranentum wegtrinken und wegessen und uns auf dem Beistrich

der Geschichte, der wir selber sind, ausstrecken und besonnen lassen.

Auch andere sind zu früh jung. Hören wir ihnen zu.

MEIN ISRAEL

Es war nicht immer mein Israel. In den Sechzigerjahren solidarisierte ich mich wie viele Linke mit den unterdrückten Völkern der Dritten Welt, und das palästinensische zählte dazu. Wir Linken machten viele Dummheiten, diese zählte zu den größten.
Ob man will oder nicht, Israel ist Erbe der Schoah oder, wie es Dan Diner einmal ausgedrückt hat, »Verlängerung der Geschichte«. Es sind nun mal meine Leute, die vernichtet wurden, und es sind wieder meine Leute, die jetzt und zukünftig vernichtet werden, wenn es nach dem Willen Irans und Syriens geht, nach dem Willen von Hamas und Hisbollah. Die Führer der Palästinenser – übrigens die unbarmherzigen Feinde des palästinensischen Volkes – haben zu keiner Zeit den Traum aufgegeben: Palästina vom Jordan bis zum Mittelmeer. Seit fast sechzig Jahren kämpft Israel um sein Überleben. Aber wie immer sind die Juden ja bekanntlich an ihrem Unglück selber schuld. Die veröffentlichte Meinung, die sich neutral gibt, verteilt gleichmäßig Rügen an beide Seiten, tut so, als gäbe es eine mittlere Position. Die einen wollen die anderen vernichten, die andern wollen bloß in sicheren Grenzen leben. Zieht sich Israel aus Gaza zurück, wird es sofort von dort beschossen; nach dem Rückzug aus dem Libanon baute sich die Hisbollah dort wieder auf, stärker denn je. Israel findet keinen verantwortlichen und durchsetzungsfähigen Ansprechpartner, aber mit denen, die es auslöschen wollen, soll es verhandeln. Worüber? Über die Modalitäten der Auslöschung?
Jetzt spricht man von den Opfern in der Zivilbevölkerung. Doch

so wie die palästinensischen Führer ihre Kinder zum Steinewerfen nach vorne geschickt haben, feige, wie sie immer schon waren, so verstecken die Hisbollah und die Hamas ihre militärische Infrastruktur inmitten der Zivilbevölkerung, wie das jede Guerilla macht. Solange also das Volk diese Führer duldet und sie sogar wählt, erleidet es die Folgen dieser Duldung. Was soll mein Israel tun? Tötet es gezielt die Strippenzieher, heult die Welt auf. Muss es flächendeckend vorgehen, um die militärische Infrastruktur zu treffen, heult die Welt auf.

Am besten wäre es, wenn die jüdischen Israeli alle auswanderten. Halt, das wäre der Welt nicht recht. Dann müsste sie Millionen Juden erdulden. Besser noch, die Juden stürzen sich selber ins Meer.

Der unterirdische Strom der Judenverfolgung führt von den römischen Verfolgungen, den christlichen, den Pogromen im Osten über die Schoah in mein Israel herauf, ergießt sich als Blutmeer in die Gegenwart. Dabei bedarf es vonseiten der Palästinenser bloß dreier Sätze:

Anerkennung Israels in sicheren Grenzen von 1967, Versöhnung mit dem palästinensischen Staat und statt Rückkehrrecht der arabischen Flüchtlinge von 1948/49 großzügige Wirtschaftshilfe durch Israel, die USA und die EU.

Schon wäre Friede. Wir Juden hätten eine Heimstatt und wären gleichberechtigtes Mitglied der Völkerfamilie Naher Osten, übrigens durchaus zum Segen dieser Völker.

KLEINER MANN AM RANDE DER ZEIT: PETER LORRE

1

Das aufgeregte Berlin, 1931. Ich sehe, wie die Kinder in den Hinterhöfen den Auszählreim der Stunden runterleiern:

Warte, warte bloß ein Weilchen
Dann kommt der Schwarze Mann zu dir
Mit dem großen Hackebeilchen
Macht er Schabefleisch aus dir

In der Zeit der großen Depression, Massenarbeitslosigkeit. Elend allerorten, Raufszenen auf den Straßen. Täglich fallen den politischen Auseinandersetzungen Menschen zum Opfer; und in all dem Ganzen pfeift einer Peer-Gynt-Suiten von Edward Grieg. Er pfeifts mit den Obertönen der Angst und der Hysterie. Er pfeift, was viele an Verzweiflung empfinden, er pfeift die individuellste und zugleich allgemeine Stimmung jener Zeit. Er pfeifts als Außenseiter, als unpolitisch in sich Verknoteter, als Kranker. Ein einzelner Durchgeknallter, pfeift er einer durchgeknallten Zeit ihre Suite.

Ein kleiner Mann geht durch Berlin. Inmitten der Kinder pflückt er sich eins nach dem andern. Wir sehen den kleinen Tod als Luftballon im Hochspannungsdraht hängen. Bis heute höre ich die Mutterstimme: Elsie. Elsie. Doch Elsie konnte niemand mehr befragen. Mit Hut, grauem Mantel, herausgewälzten Augen, samtener Stimme, die aber auch bereits, wenn er ein Kind anspricht,

nach oben ausschert, sodass der kleine Mann, Beckert, das Kind und sich selbst beschwichtigt.
Ein Kindermörder rennt durch die Straßen von Berlin. Bald wird er punziert sein.

2

Der Schauspieler Peter Lorre nimmt es auf sich, den ersten Kindermörder der Tonfilmgeschichte darzustellen. Sein Regisseur Fritz Lang entwirft mit dem Film *M – Eine Stadt sucht einen Mörder* – nach *Metropolis* und den *Nibelungen* – das Zeitbild von Berlin am Ende der Weimarer Republik. Wir sehen keine Nazis im Film, wir sehen den bemühten volksnahen Kommissar Lohmann, wir sind mitten im Volk überhaupt, der Berliner Schnauze. Wir erleben, wie die Verbrecher sich gegen den einen Verbrecher zusammenschließen, weil die ständigen Razzien die Geschäfte stören. Der Schränker, dargestellt von Gustaf Gründgens, mobilisiert die Bettler der Stadt.
Es ist die zweite Bettleroper nach der dreigroschenen, mit der Musik von Grieg, gepfiffen von Peter Lorre.
Schließlich punzieren sie ihn. Sie drücken auf sein Schulterblatt das Kreide-M, damit er kenntlich werde als der Mörder. Schließlich fangen sie ihn und machen ihm den großen Prozess, die Verbrecher gegen den Verbrecher.

3

Bei diesem Tribunal: Volk aus Berlin gegen den Kindermörder Beckert, stellt Lorre diesen Beckert dar als Täter, der nicht tun will, was er tun muss. Sein räudiger Verteidiger sagt immerhin, Beckert gehöre in die Hände der Ärzte. Der Schränker aber sagt, und er sagt es, indes er Girlanden in die Luft zeichnet mit Händen in Lederhandschuhen: Dieser Mann muss weg.
Am Vorabend des Dritten Reiches ward in diesem Film verhandelt, ob Therapie oder Liquidation die Oberhand gewinnt. Schließlich befreit die Polizei den Kindermörder aus den Fängen der Lyncher.

4

Gustaf Gründgens, der spätere Günstling von Göring, der *Mephisto*, verlangt als Gangsterkönig den Tod des Triebtäters.
Peter Lorre verteidigt seine Figur, den Mörder Beckert, in eindrucksvoller Weise. Dieses Plädoyer hat sich unter meinen Lidern eingebrannt, als wäre es Ausdruck einer Urgestalt *Conditio humana*. Der Jude Lorre floh nach der Machtergreifung in die USA, spielte den Ugarte in *Casablanca*, einen mutigen kleinen Mann am Rande der Zeit, sowie den schwulen Erpresser Cairo im *Malteser Falken*.
Ein Verlorener, ein Mann, der in den Ritzen der Vorgänge seine eigene Hölle überlebt. Daher stellt Lorre diese Figuren in den Zeithorizont der eignen Verlorenheit.

5

Und besah folgenden Widerschein: Die Nazipropaganda ersetzte den Kindermörder Beckert durch den Juden Lorre und trat vor der deutschen Bevölkerung nicht ohne Erfolg den »Beweis« an: So sind sie, die Juden.
Die Bevölkerung sieht den Juden Lorre durch Berlin rennen, eine nordische Melodie pfeifen, kleine blonde Maiden morden, und ein J überm Herzen, ach nein, ein M am Schulterblatt – noch.

6

Dieser Barbarensturm blies dem großen Schauspieler Peter Lorre zeit seines Lebens ins Gesicht; machte sein Antlitz ugartehaft, cairohaft und konturierte das Jahrhundert, in welchem er nicht allzu lang Wohnung nahm oder Wohnungslosigkeit. Er kam in die Aufmerksamkeit als Darsteller eines Triebtäters und ging, stärker verbunden, als er wollte, als Verlorener.
Der Blutsaufzeit pfiff er die kleine Melodie, gab den Ausgegrenzten ihr verlorenes Profil.

ZUR ECHOLALIE DES ERINNERNS

1

Als der große Zivilisationsbruch geschah. Die Welt hielt einen Moment den Atem an, hernach spie sie die Milliarden Hektoliter Blut aus. Der Planet ward besprenkelt, durchpumpt, verrieben und verbacken mit Verderben, Qual und Finsternis. Ein Zelt der Verdammnis ward aufgestellt, doch unter dessen Spitze drehte sich die Kuppel immerzu, auf ihr saßen weiterhin die Artisten der Zeit, drehten sich mit und stellten dar.
Was stellten sie dar? Was um des Satans willen sollte denn dargestellt werden, daweil der Führer Menschen und Völker fraß, ihr Blut soff und die Knochen an die Transmissionsriemen der Zurüstung zum Untergang auffädelte. Schiller. Sie spielten Schiller. Goethe. Sie spielten Goethe. Kleisthebbelhauptmann. Johst. Sie spielten auch Hanns Johst, den sensiblen SS-Johst. Sie spielten überhaupt. Sie spielten so gern. Sie mussten spielen, nicht weil Goebbels es so haben wollte, das auch, sondern wegen der Eindringlichkeit ihres Talents, wegen der Durchdringlichkeit des Gestaltungswillens, wegen der Ausführlichkeit der Präsenz, der Bühnenpräsenz, wegen der anhaltenden aufgeplusterten Aufmerksamkeit auf all das Dringliche, Unbedingte, Unabkömmliche, auf das Ihre.
Ich bin doch Schauspieler, sagte der hochanständige Gustaf G. und zuckte hilflos mit den Schultern, auf welche die Blutfürsten enthusiastisch klopften. Diese Massage der Macht und jener aus der Zeit gefallene Schauspieler, das war die Theaterkuppel da oben, und sie drehte sich anmutig, und ihr Licht befunkelte

die Schlachtfelder und Vernichtungsstätten, aber so, dass sie bloß von den Menschen an jenen Unorten gesehen, gespürt und erinnert wurden, bevor und währenddessen sie zu Fetzen wurden. Auf der Kuppel selbst waren Wonne und Eitelkeit, Firlefanz und hohe Kunst. Mächtiges Erleben im Schein, wie in vorhitlerischer und nachhitlerischer Zeit auch. So war es eben und so ist es, das Theater: Lustspieltheater und Mordstheater, das ficht ihn bloß insofern an, als dass es Theater sein muss. Heraus auf die Bühne, Vorstellung ist. Gestern haben sie zwar der Souffleuse die Haare geschoren und die Pappen eingetreten, dieser Judenhur, spiel ma halt ohne Souffleuse, und wer den einen Text vergisst, spricht halt einen anderen. Hauptsache ist doch, dass der Attila da oben steht, Hauptsache, der Erik, die lieben wir, was immer ihren Mündern entfährt.

2

Her mit dem Robert, dem strammen und neuen Direktor, stramm ist der, wie alle mittelguten Schauspieler, wenn es was zu erben gibt. Jetzt hat er die Josefstadt. Das freut den Erik, dem Attila ist nicht ganz wohl dabei, seine Frau findet das womöglich ziemlich entsetzlich. Doch der bisherige Direktor, der Jud, fürchtet um seinen Ruf, er war in den Verdacht geraten, ein Emigrant sein zu wollen, als ob er nicht alsogleich ein Verjagter sein musste. Wie immer aber beim Verhältnis von Schuld und Scham: Die am wenigsten Schuld haben, schämen sich am meisten. Und umgekehrt.
Der Komiker Hans bittet und bettelt wegen seiner jüdischen

Frau die Machthaber an. Er sei ja durch und durch arisch, sein Weib aber liebt er so sehr, daher bitte, bitte eine Bitte um Ausnahme vom Nürnberger Gesetz für sie. Mögen den anderen ihr Schicksal widerfahren, für diese Jüdin kein Jot im Pass, kein Sara als zweiter Vorname, dann spielt der Hans für euch noch besser, lustiger und berückender, und Sie, Herr Reichspropagandaminister, werden sich nicht einkriegen vor Lachen. Und schon hat der große Hans, der ja ein kleiner Mann war, seine Schultermassage vom kleinen Joseph, der leider ein großer Joseph war.

3

Die Josefstadt, sagte der große Joseph, das ist ein Kazett auf Urlaub. Daran erinnerten sich die meisten so gern. Schauts uns an: Ständig in Gefahr, haben wir an der Rampe des Josefstädter Theaters ausgeharrt, durchgehalten. Im Grunde waren wir ja fast alle in der Emigration, in der inneren wohl, in der da, in welcher das Herz schlägt und die Luft in der Lunge noch sauber ist. Dieser schnarrende und brüllende Hitler, den kann doch ein kultivierter Künstler bloß verachten. Aber man muss sich dreinschicken. Wir sind doch Schauspieler. Ein Elektromonteur kann leicht emigrieren, der wird überall gebraucht. Wir sind eingesperrt worden von der deutschen Sprache im Dritten Reich, merkt euch das! Englisch lernen? In Englisch auf der Bühne, wer schaffte das schon. Ein paar Juden, weil sie mussten.

4

Nahezu ein Menschenalter ist das alles her. Jetzt, da die meisten gestorben sind von den Opfern und Tätern, schickt man sich an, nicht nur zu gedenken, sondern gründlich zu gedenken. Nun muss Ernst gemacht werden mit der Aufarbeitung. Der siebzigste Jahrestag des Novemberpogroms ist da und vorbei.
Herstellt! Was sagen wir diesmal? Was haben wir zum sechzigsten Jahrestag gesagt? Ist es noch aktuell?
Auf, auf nach Mauthausen, schulklassenweis, gruppenbetroffen am Steinbruch vorüber. Was, da isst eine Schülerin eine Käsesemmel im Angesicht des Krematoriums?
Niemals vergessen, weil niemals erinnern! Gedenken! Das ist das große Wort im kleineren Mund. Gedenken, das ist die Echolalie des Erinnerns. Gedenken, das ist das Ritual, das uns rührt, ohne zu berühren. Gedenken, das ist der Schrecklich-schrecklich-Kanon. Wir treten auf, ich meine, wir treten an, entblößen das Haupt, blicken zu Boden. Wir gedenken der Opfer. Hernach Hut auf!

5

Da habe ich leicht reden. Ein im vorletzten Kriegsjahr, auf dem Höhepunkt der Schoah geborener Jude, versteckt in Wien, zieht sich jetzt seelenruhig die Robe der Selbstgerechtigkeit an und urteilt über die Charakterschönheiten vergangener Schauspielergrößen. Was weiß denn ich, was das heißt, im Dritten Reich ein Schauspieler der Josefstadt gewesen zu sein. Und dann gar bis in die Siebzigerjahre oder bis wann weitergespielt zu haben.

Stets haben sie den stillen Vorwurf von meinesgleichen spüren müssen. Immer haben sie sich innerlich rechtfertigen müssen, auch wenn sie äußerlich kein Wort verloren haben.

Doch wer kann von wem verlangen, ein Held zu sein? Ich bin doch auch keiner in friedlichen Zeiten. Wie hätte ich mich verhalten als nichtjüdischer Schauspieler damals? Ich kann es nicht wissen.

Und dennoch: Die Untaten waren so monströs, die Schoah so einzigartig und geht doch in keinen Schädel hinein, ich muss, wir müssen also teilweise diese Robe der Selbstgerechtigkeit anziehen; es muss erinnert und aufgeschrieben werden, das geht schwer ohne eine gewisse Besserwisserei. Doch nur so besteht die Chance, nicht in einen neuen anderen Zivilisationsbruch zu kippen mit aller gesammelten Anständigkeit. Gedenken wir nicht der Opfer, erinnern wir uns an sie. Erinnern wir uns an die Täter und Mitläufer auch, entsinnen wir uns ihrer als Mitläufer mit Nachsicht, als Täter mit Vorsicht, denn sie könnten in anderer Gestalt, womöglich in der eigenen, wieder auf uns kommen.

Ich empfinde es als bemerkenswert, dass das Theater in der Josefstadt nicht in die Echolalie des Gedenkens verfällt, sondern in Form eines Symposiums *Theater für die Eliten* Erinnerungsarbeit zu leisten sich anhebt.

Ich wünsche gutes Gelingen.

AUS KÄLTEN UND DUNKELHEITEN

MANÈS SPERBER UND UNSER ZWANZIGSTES JAHRHUNDERT

Ich bin nie schön gewesen
und bin nicht hässlich geworden
Also nichts gewonnen
Nichts verloren

Manès Sperber

1

Und sie nahten sich wieder, die gar nicht schwankenden Gestalten, überwanden ihre eignen Rudel, setzten sich an die Spitze, traten hervor aus dem Menschendickicht mit Seidenstimmen, in Pergamenthaut, mächtige und schattige Schnauzer vor den Antlitzen, betraten sie die Tränke. Nieder beugten sie sich, der Nachtmond, welcher Zeiten generiert, schien ihnen in die Nacken, und sie begannen zu saufen. Vom Menschengesträuch hinter und unter ihnen ward der Trog versorgt, und indes die Zeiten zu Epochen und Meilensteinen sinterten, fielen die Tage des zwanzigsten Jahrhunderts wie Blätter von den Trauerweiden, Welteschen, Sklavenbrotpappeln, segelten zum Trog, mussten aus ihrem Geäder den roten Saft lassen, den die großen Gestalten schlemperten und schlemperten.

Hineingeboren in ein Jahrhundert, welches als Blutsaufjahrhundert wohl in die Geschichte eingegangen ist, im quirlig-dreckigen Zablotow in Galizien, ist Manès Sperber, nicht weit von Brody, wo etwas früher ein anderer sich aufzurichten anschickte, um den Wasserträgern G'ttes vorläufig den Rücken zu kehren. Bald aber schon, noch bevor er mit den Eltern nach Wien flüchten musste vor dem Aas des dauernden Frontenverlaufs durch dieses sein Schtetl neunzehnfünfzehn, bestieg der Bub das Dach einer Hütte und begann den Himmel mit Kieselsteinen zu bewerfen, um das Schweigen G'ttes zu brechen.

Umgeben vom Schwärmertum des Chassidismus, schien diese Korpuskelmasse aus Verheißung, Trost und Geduld in die Poren des Kindes eingedrungen zu sein. Doch wenn G'tt schweigt, müssen wir wohl an seiner statt uns äußern. Wenn wir fest in uns auf das Andere uns beziehen – auf etwas Geringes: das Menschengeschlecht –, falls wir aus uns herausheben die Gültigkeit des Guten und wir bekämpfen, was diesem Guten widersteht, dann können doch endlich die Wölfe bei den Lämmern weiden, darf doch Milch und Honig im Lebenstrog fließen und jeder Mann und jede Frau ohn Ansehen der Verdienste sich nähren und sich veredeln.

Früh schon wurden die nachtschwarzen Propheten, welche die machthörigen Könige gewaltig ins Ethikgeflecht prügelten, zu den Fixsternen am gescheckten Himmel des jungen Sperbers. Wahrheit und Gerechtigkeit. Bloß dies. Das ist alles, was der Mensch braucht jenseits der materiellen Ressourcen. Nichts sonst. Wahrhaftigkeit, nicht mehr. Doch die Steine, die zum Himmel geworfen wurden, fielen gleich danach dem Werfer auf den Kopf. Da nützte Schluchzen gar nichts. Sperber kam nach Wien, ließ hinter sich, was noch vor ihm lag.

2

Die größte Infektion im zwanzigsten Jahrhundert war nicht die Spanische Grippe. Millionen erlagen ihr. Manès Sperber in Wien, im Zentrum dieser Infektion. Im Hungerwien, im Durchhaltewien. Die Väter stellten sich an um Wruken, sofern sie zu alt oder zu verletzt für den Krieg waren. In Papieranzügen kamen sie mit leeren Händen heim, wo die Kinderschar sie umringte und nach Brot schrie. Doch die Väter beschieden ihre Sprösslinge, wie Karl Kraus berichtete, mit dem Hoffnungssatz: Kinder, Russland verhungert. Kaum hatte sich der Schützengrabennationalismus verblutet, fielen schon die Grippebazillen die ausgehungerte und ausgepowerte Gesellschaft an und töteten noch mehr, als in den Schützengräben gefallen waren.

Aus Kälten und Dunkelheiten tauchte er auf in diesem Wien, und in der Kälte befand er sich, aber durch die Dunkelheiten pflügten warm aussehende Lichter: zu verstehen, warum der Mensch eine Sau ist und was ihn wohl doch noch zum Menschen macht. Bin ich bloß eine Träne im Ozean oder ist jeder Mensch in sich ein Ozean, ein Kontinent und nicht bloß die Landplage? Durch das warme Licht, welches die Dunkelheiten durchsprengselte, kam die Ideologie auf die Massen. Die Organisierung von Werten zu bestimmten, nicht geoffenbarten Zwecken. Es hat sie schon vorher gegeben; bereits Saint-Just und Zeitgenossen hatten sie geschmiedet, doch von den Blutstürzen damals abgesehen, blieb sie heikel umfriedet in den Gärten und Botanisiertrommeln der Menschenfischer aus Philosophie, Kunst und Religion. Nun aber begann sie die ausgehungerten und ausgepowerten Massen zu infizieren. Aus den Wahrheitssuchern wurden Rechthaber. Die Rechthabervereine schossen aus dem

Bitterkraut. Einer hieß Individualpsychologie, ein andrer Psychoanalyse, wieder einer Wandervogel treudeutsch, noch einer Blau-Weiß. Im Osten etablierte sich auf länger einer, welcher »Rat der Volkskommissare« hieß und dem ein schmächtiger Mann vorstand, welcher »am Schlaf der Welt rührte«. Diese Rührung nannte man auch Bolschewisierung des Sozialismus.

Doch Sperber, so jung und schon ein Individualpsychologe, hielt es eben mit Alfred Adler, und die Frage nach den Ursachen des Minderwertigkeitsgefühls führte ihn auf das Dach einer Hütte. Über ihm ein herrgottsfreier Himmel, doch vom Osten ließ er sich anscheinen von jener roten Sonne, die in Petrograd aufging und in Workuta unter.

3

Anfang Dezember zweitausendfünf gehe ich aus einem Hotel in Paris heraus und betrete die kleine Rue de la grande Chaumière, als mein Mobiltelefon läutet. Am Apparat Wendelin Schmidt-Dengler. Er wird was von mir wollen, und ich werde es ihm nicht abschlagen können. Er kommt, wie bei ihm notorisch, sofort zur Sache: Sperbersymposium. Referat. Hundertster Geburtstag, bitte sehr. Diesem Professore will ich auch nichts abschlagen. Ich sage: »Gut.« und biege mit dem Handy am Horchlappen in die Rue Notre-Dame des Champs ein. Wir haben unser Gespräch beendet. Ich stecke das Telefon in die linke Brusttasche, obwohl das dem Herzen nicht gut tun soll, und beginne an den Hauswänden hochzublicken, daweil ich durch diese Pariser Straße einherschreite. Komme bei einer Tafel zu stehen: Hier lebte und starb Manès Sperber.

Auf der Stelle möchte ich Wendelin Schmidt-Dengler anrufen, um ihm mitzuteilen, dass ich unter diesen Umständen ein solches Referat nicht halten kann. Wir sind ja schließlich alle jeglicher Esoterik abholde Leute. Da beugt sich ein silberhaariger Mensch aus dem Fenster des zweiten Stockes heraus und sagt mir unverblümt in einem etwas altmodischen Wienerdeutsch: »Also Schindel, haben Sie Begriffe? Über alle möglichen Bocher meschiggene schreiben Sie, was der Tag hergibt, und noch und noch. Aber pünktlich über mich nicht, den eine armselige Zeitgenossenschaft Lust und Laune hat zu vergessen? Kein Apostroph?«
Von vorn der Schmidt-Dengler, von hinten der Sperber, das ist zu viel für einen Altachtundsechziger, noch dazu wo dieser Wahrheitsfanatiker da aus dem zweiten Stock womöglich glaubt, dass ich mich an ihm rächen will, weil er den aufständischen Studenten damals »einen komfortablen Charakter der praktischen Unwissenheit« attestiert hat. Ich lege meinen Kopf in den Nacken und schrei hinauf:
»Sie sind ja auch bloß so ein Rechthaber.« Der alte Mann lächelt schwach:
»Aber ich bin ein Rechthaber, der seit seinem Bruch mit Stalin praktisch immer recht hatte.«
»Wem fühlen Sie sich alsdann verpflichtet«, schrei ich hinauf, indes mir der Hals dick wird.
»Ach, nur einer Religion.«
»He, Sperber, kommen Sie mir nicht mit diesen Geschichten. Die erzählen Sie besser Ihrem Opa.«
»Hab ich schon. Es ist die Religion des großen Gedächtnisses.«
»Der fühlen Sie sich verpflichtet?«
»Solange ich lebe, jawoll.«
»Mazel tow.«

Ich gehe weiter durch das Quartier bis zur Rue de Rennes, drehe um und marschiere zum Montparnassefriedhof. Auf Sperbers Grab lege ich das Steinchen.

»Du hast«, sage ich ihm ins Gebein, »das Verhältnis von Freiheit und Gleichgültigkeit gründlich abgewogen.«

»Es ist so«, antwortet er. »Wer durch Wort, Schrift oder sonstige Mittel dazu beigetragen hat, den Geist und die Seelen der Menschen der Lüge und der Tyrannis zu unterwerfen, der kann nicht nachher, wenn der Kampf der andern diesem Zustand ein Ende bereitet hat, so tun, als trüge er nun auch keine Verantwortung mehr.«

»Das bindet«, sag ich und verlasse seine Heimstatt.

4

O die Wahrheit zu wissen
Bevor sie allgemein wird
Ertragen die lange Schweigepflicht
Bis alle aussprechen
Was dir zu sagen
So schwerfiel
Bis die Wahrheit in aller Munde ist
Und dadurch
Schon wieder fragwürdig geworden ist
Und beinah falsch.

Hans Sahl

Ein Mann springt in die Tiefe. Nun, es ist nicht Sperber, sondern sein Freund Koestler. Dennoch: ein geschlossenes System –

und jede Ideologie ist wohl ein geschlossenes System – zu durchbrechen, das geht nur als Renegat. Gibt es etwas Fieseres als einen Renegaten? In den Rechthabervereinen ist der Renegat das Allerletzte. Dagegen ist Judas Jesus. Und so kommt es, dass die Helden gegen die Ideologieinfektion jenes Blutsäuferjahrhunderts die Renegaten waren und blieben.

Die Linke tut sich mit Renegaten noch schwerer als mit sich selbst, und das will was heißen. Kantorowicz, Regler, Koestler, Sahl, Sperber, Orwell, Silone und wie sie alle niemals vergessen werden sollen, wie schattengestaltig auch manche Lebenswege danach verliefen. Sperber ist übrigens nicht den Weg des Antikommunismus gegangen. Sein *Lebenslänglich* bestand eben darin, das Individuelle mit dem Massenhaften irgendwie zu versöhnen, und von da her ist er wohl ein Sozialist mit Tiefendimension geblieben.

Einer sagte mir über Sperber – es muss ein beleidigter Linker gewesen sein: »Der war sein Leben lang ein Sekretär. Zuerst der Sekretär Adlers, hernach der Sekretär der Jugendkomintern, schließlich der Sekretär der Wahrheit.« Das ist doch immerhin eine Karriere. Er war ein Mensch, der lebenslang viel Mühe hatte, denn »er bereitete seinen nächsten Irrtum vor«. So kommt er dem Bild des aufrechten Ganges sehr nahe. Es hat Menschenrechtskämpfern wie Jürgen Fuchs Kraft und Zuversicht gegeben, sodass der seinen heiligen und verzweifelten Kampf gegen den DDR-Rechthaberverein und seine Epigonen nicht nur mit rechthaberischen Mitteln führen konnte.

Auch wir Achtundsechziger haben die Bedeutung Sperbers längst erkannt. Einige von uns haben das getan. Auch Cohn-Bendit. Und so ist er womöglich doch eingeschreint im großen Herzen des Sozialismus.

5

Gestatten Sie mir zum Schluss – denn über Sperber könnte noch viel gesprochen werden –, dass ich mit einem Gedicht ende, welches ich nach Lektüre seiner Autobiographie *All das Vergangene* im Jahre 1984 nach seinem Tod geschrieben habe.

Doch vorher will ich noch einen merkwürdigen Sachverhalt anleuchten: Neunzehndreiundvierzig erfuhr Manès Sperber vom Ausmaß der Schoah. Bis zu diesem Zeitpunkt war er Kommunist gewesen, auch wenn er bereits neunzehnsiebenunddreißig aus der Partei ausgetreten war. Nun sagte er Folgendes:

Ich bin ein europäischer Jude, der sich jeden Augenblick dessen bewusst bleibt, ein Überlebender zu sein, und der nie die Jahre vergisst, in denen ein Jude zu sein ein todeswürdiges Verbrechen gewesen ist.

Aus diesen Dunkelheiten trat Sperber heraus in die Gegenwart, angetan mit der zerbrechlichsten aller Seelen, der widerständigen. So ist sein Beispiel selbst ein Licht geworden in den neu andräuenden Dunkelheiten, in den Kälten heutiger Seinskosten.

Neunzehnsiebenundsiebzig war Sperber Juror beim Bachmann-Wettbewerb. Und er konnte sich dort aussprechen mit der Jurorin Gertrud Fussenegger, die einst ja eine glühende Nationalsozialistin war und seither diesen Sachverhalt bearbeitet. Also selbst im Klub der Selbstgerechten ist Manès Sperber ein unzuverlässiger Kantonist gewesen.

6

Klagenfurter Frühlingsballade

1

Ich reise durch mein Jahrhundert auf Schienen
Flitzende Buchstaben reißen mich in die Zeitvertikale
Daweil ich doch dasitze im Klagenfurter Frühling
Im kleinen Lokal, stürze ich hinunter, ich hör die Bassgeige

Des Juden in den Dörfern am Pruth.
Aber die literarische Veranstaltung in Klagenfurt geht zu Ende
Ich reise zurück durch mein Jahrhundert, durch die
    Religionen
Des Blutes, die Gebete des Hasses, durch das Schweigewort

Meine Freunde gehen jetzt zum Künstlerfest, ich kann nicht
Hervorkommen vom Tisch hier, vor mir liegt nämlich
Der Schienenstrang, der mir Waggons bringt, angefüllt
Mit Gelächter. Lachen auf Lachen wird ausgeladen

Interpunktiert mir mein Nachkriegsleben, skandiert
Die großen roten Träume, Waggon um Waggon
Kommt voll vors Gesicht, leer hinunter ins Jahrhundert.
Der Maiabend Vierundachtzig in Klagenfurt schont mich
    schlechterdings

Will ich jetzt zum Künstlerfest, zu den witzigen Philosophen.
Durch das Schneefeld Galizien schleppt der Jude auf
    dem Rücken

Seine Bassgeige, und die Genossen fallen aufs Gesicht
   in Moskau
Teruel und Dachau. Verlieren es ebensooft,
   auf Buchstabengleisen

Untertunnel ich mein wichtiges Heraufleben im Nachkrieg.
Steh mit dem Rücken zu mir in der Leopoldstadt,
   da meine Mutter
Eben zurückkommt aus Moskau. Kirow wurde ermordet.
   Februar. No pasarán.
Mit dem Rücken zu mir. Da fickt mich jemand von hinten.

2
Von hinten dreh ich mich vor, Zahnbürste auf Gehsteig,
   Leopoldstadt.
Wiewohl ich schon unten bin in der Talsohle meiner Vorzeit
Fall ich. Dreh mich um, hinter mir sitzt niemand, Rücken
   zur Wand
Schau ich zum Eingang des Kärntner Lokals

Wabbert das Gelächter am Tisch, die dampfenden Spaghetti
   werden ruhig.
Wer nahm mich von hinten? Wars Hitler, wars Stalin?
Erzeugte sich jenes Milchkind, entkroch nach jahrelanger
   Schwangerschaft
Dann in den Nachkrieg und lebt herauf mit dem ewigen
   Blutschnuller im Mund?

Kopfschüttelnd ess ich die Nudeln auf, grüner Salat, aufess ich
Meine Jugendwanderungen, sanft liegen horizontal

Die Landschaften meiner drei oder vier Empörungen
Ess ich auf, meine Liebschaften, ich schick die halbleeren
  Waggons

Die übriggebliebenen am erkalteten Traumstrang entlang
Schräge zurück, daweil das Künstlerfest schon im Schwung ist
Stehe ich auf. Verkehrt zu meinen Erinnerungen. Hinterm
  Eingang
Komm ich hervor. Unterm Tisch herauf. Jetzt wieder Gesichter

3
Fand meine Leute, redete, lachte und schwieg.
Legte mich zum aberwitzigsten Mal zur Liebe nieder
Traf auch wie immer donnerstags meine alte
  Kommunistenmutter noch, fragte
Sie auch nach dem Großvater Salomon, zertretne Bassgeige
  in Riga.

Schieben mich meine Handlungen in die Zukunft?
Verknüpfen sich meine Heiterkeiten wenigstens mit
  einer Heimstatt?
Liegen die Toten in ihren Gruben oder kauern sie noch
  sprungbereit?
Sind uns die Aschenwinde günstig? Überleben die Violinen?

NACHTIGALLEN

80 JAHRE RADIO

1

Wir leben ja auf einem nachhaltig beschallten Planeten. Die Einsamkeiten unseres sich mehr und mehr ausdifferenzierenden Erdenlebens sind zwischen den Hertztönen eingezwängt. Dem sukzessiven Verstummen lebenserfahrener und mit Gemeinheiten gestriegelter Seelen setzt sich ein beharrliches Bebrüllen durch mediale Apparate gegenüber. Der vieltausende Jahre während Sound der Ozeane, der Grillenkonzerte, der Katzenmusiken und der Mückenschwärme ward abgelöst über Spinnrad und Dampfhammer von der Soundmaschine. Um sich dies zu vergegenwärtigen, möchte ich mir die Räumlichkeiten des Hölderlinturms zu Tübingen nach achtzehnhundertsechs vorstellen. Der träge Neckar fließt unterm Fenster dahin. Es ist ziemlich still, und wenn wo der Lärm kommt, dann sinds die trunkenen Studenten des Stifts, welche sich ihrer nationalen Bestimmung entgegengrölen, oder flüsternde Liebende in der Aulandschaft, das plötzliche Schlagen der Nachtigallen oder endlich das nächtliche Stampfen des nächtlichen Hölderlin, dem die *Fahnen im Frost klirren*. Alles Ertönte und Vernommene hat hinterm Geräusch seine materielle Gestalt. Sämtliche Lärmverursacher haben Namen und Körper.

2

Das waren keine moderaten Zeiten, als die Einsamkeiten durch keinen Ton von außen noch tiefer in sich getrieben wurden.
Doch als der Dichter Günter Eich aus dem Krieg kam in seinem Gedicht, zurück zum Haus, der Heimstatt, war es so still in der Wohnung. Offenbar war da keiner – wann ist schon wer da nach einem Krieg –, und die Verlassenheit senkte sich wieder herab. Doch aus den Räumen hörte er eine männliche Stimme sprechen. Sie kam aus dem Radio.

3

Ich wachse neben dem Radio auf. Was dem Hölderlin die *Gäng und Wege der fürstlichen Natur*, das ist mir Hilversum, Beromünster, Rot-Weiß-Rot.
Wer – ist – der – Täter??? Das Opernkonzert immer um eins. Ich eile aus der Schule, drehe sofort auf und habe schon versäumt, wie Mario del Monaco zu Renata Tebaldi auf Italienisch singt: Que gelida manina – Wie eiskalt ist dies Händchen.
Dafür sitze ich vor fünfzig Jahren im Wiener Stadionbad, und aus dem Lautsprecher höre ich die Stimme Heribert Meisels, der das Weltmeisterschaftsspiel Österreich gegen Schweiz beplaudert. Zwischen den Zuhältern, Bankangestellten, feschen Katzen, Buchhaltern sitz ich in der Wiese, und wir verfolgen das Match, sieben zu fünf für Österreich, wir sind wieder wer.
Zwei Jahre später nehmen sich meine Erwachsenen den Radio ins Bett – nein, das stimmt nicht: Sie schleppen die Matratzen

zum Radio, verschwinden ganze Nächte mit den Ohren in ihm wegen des Aufstands in Ungarn. Meine Erwachsenen, gestriegelte Kommunisten, beginnen sich zu fürchten: Wir hören alle miteinander damals den Anfang vom Ende eines Traums.

Die Nachtigallen aber sind längst verstummt. Stattdessen kommt das Manderlradio, das Fernsehen, in die Wohnungen. Zu den generierten Beschallungen kommen die virtuellen Persönlichkeiten und legen uns den ebenbildlichen Steinbruch vors Auge. Die Gespenster des persönlichen Albtraums kommen anderntags als unsere Zeit im Bild wieder.

Seitdem sind womöglich Radio und Nachtigall eine Interessengemeinschaft eingegangen. Auf diesem Sender jedenfalls kommt Renata Tebaldi immer wieder.

ES LACHT DIE AUE

SPLITTER ZU »PARSIFAL«

1

Sie darf es, und dies am Karfreitag. Die Au darf lachen als Zauber ihrer selbst, doch Kundry, die bei der Qual des Menschensohns einst lachte, die muss nach Begierde und Reue von einem törichten und hernach sehenden und sich beknirschenden Naturwesen zur Menschin durch Taufe gemacht werden. Parsifal als Wiedergänger des Johannes.

2

Der Steg, der von Natur in Kunst führt, ist das Religiöse. Wagner versteht es am Ende seines Lebens, in diesem Werk die Zerklüftetheit der Menschennatur über Mitleiden in die geäderte Kompaktheit einer Menschenkunst zu verwandeln. Die Musik bringt die damals verlorengehende Intensität des religiösen Gefühls zurück und restituiert das »Ewigmenschliche«.

3

Das ist eigentlich ein Aberwitz. Wie ist es denn zu erklären, dass diese simple, zum Holzschnitt zurückgearbeitete Parzivalwelt mit dem Guten und dem Bösen uns in der Musik dennoch überwältigen kann? In ihr, in der Kunst Richard Wagners, durchpochen – so scheint es mir – die erschütternden und erhabenen Themen der Menschen die sich in alle Richtungen ausbreitende Zeit.

4

Welche Themen? Das Mitleid, die Rache, die Erlösung, die Liebe und deren Entsagungen. Der Schmerz. Der Schmerz, überhaupt da zu sein und zu fehlen. Das Zusichkommen des zum Lichte sich aufreckenden Naturwesens und seine Trivialisierung, seine auf Ja und Nein reduzierte Künstlichkeit. Das alles wird zu einer Lautsäule aufgeschichtet, die umgibt und ergreift.

5

Wagner hat seinen Hegel gelesen, nicht nur seinen Schopenhauer, in dessen wunschlose Welt er und wir uns zuallerletzt aufzulösen mehr als zu erlösen haben. Religion, Wissenschaft und Kunst seien die Töchter des absoluten Geistes, der sich in ihnen auf unterschiedliche Art und Weise offenbart. So gibt die kraftlos werdende Religion den Erkenntnisstab ab an die ins Bürgerkraut schießende Kunst. So kann der nicht für seine Gottesfürchtigkeit bekannte Wagner ein Weihespiel inszenieren, welches Gläubige und Ungläubige gleichermaßen in seinen Bann zieht.

Also gehe ich zugleich getröstet und verärgert – getröstet wovon? verärgert worüber? – aus Gustav Kuhns *Parsifal* heraus, lasse das Haus in Erl im Rücken und sehe auf die Sterne über den Bergen.

6

Bevor ich aber – Stunden früher – zu Kuhns beschwingt und intensiv dirigiertem *Parsifal* gelange, komme ich auf dem Weg dorthin vorüber an der Blauen Quelle, dem lokalen Naturwunder. Vor dem Festspielgebäude stehen wir zuhauf beim Getränk, und viele haben bereits die Gesichter an, mit denen sie Wagners Musik sowohl ertragen als auch überstehen können, Gesichter, die zur Entrückung und zur spöttelnden Toleranz gleichermaßen taugen. Wenn das Spiel aus ist, kommen wir heraus und setzen uns wieder die Alltagsgrimasse ein. So viel Zauber muss sein in Erl.

7

Doch eines Parsifals Abend – der Intendant Gustav Kuhn bereitete einen seiner runden Geburtstage vor – nein, das war ein Götterdämmerungsabend, also davor – eines Parsifals Abend, nachdem der Erlöser erlöst ward, begann es in meinem Unterkiefer zu knacken. Indes ich noch dachte, dieser Parsifal ist doch auch ein Reservechristus, endlich ein nichtjüdischer Heiland, überkam mich etwas, was man einen richtungslosen Schmerz nennen mag. Das Knacken verstärkte sich: Es muss ein Text her, ich muss einen Schmerztext schreiben, sofort und plötzlich. Denn diese Oper ist d i e Oper über Schmerz. Gibt es etwas Prachtvolleres als einen Schmerz, der vergeht?

8

Amfortas

Es breitet sich das Körperfremde im Körper aus
Macht eine Strichpunktexistenz aus meinesgleichen
Wird mich in Allerseelenruhe gar nicht mehr erreichen
Ich seh mich aufgesattelt letztes Mal als Kichergraus
Es greift mein Atemüberschwangeres sich in
   die Schmerzensspeichen

Ich pass. Ich ziehe Linien nach, bin abgezappelt
Vom süßen Mutterweib. Ich seh auf Murks und Gralbleiglas
Indes die Frommen der Natur davongedabbelt
Komm ich im Haufen an. Da bin ich und das wars.

FERNE KLÄNGE, KÜNFTIGE

REDE ZUR ERÖFFNUNG DER DONAUFESTWOCHEN STRUDENGAU 2010

In tiefer Nacht liege ich in mir
Und der Planet stößt an meine Nase
Eiseskalt, draußen wütet der Westwind. In mir
Ist ein Ozean, der aus Millionen
Korpuskeln Sesamschließdich
Besteht und diese Millionen
Durchfluten mich, daweil
Ich da liege in meiner Behaustheit
Blöd und träge lächle.
Auf dem Rücken lieg ich
Auf dem Bauch, wenn
Der Traumsturm mich wendet

1

»Hohoho«, sagte Hagen von Tronje, als man ihm hinterbrachte, Krimhild würde ihre Brüder, aber auch ihn an ihres neuen Gemahls Hof im späteren Ungarland einladen, auf dass Versöhnung obsiege. Die Zwiste, welche alle Beteiligten spüren ließen, dass Blut durch ihre Adern wogte, hatten sich auf der Höhe des Hasses gehalten derart, wie es nicht mehr zu besingen war. »Ein Friedensangebot der weißhäutigen, blauäugigen Krimhilde, an mich, der ich ihren tumben Tor niedergestochen habe von hinten, hohohoho.«

»Sie meint es ernst«, sagte Gernot.
»Sie meint es lieb«, sagte Giselher.
»Ihr ists genug«, sagte Gunther und stieg von einem Fuß auf den andern.
»Wer warnt«, fragte Hagen.
»Ich warne«, sagte Volker von Alzey.

»Gar nicht wahr«, sagte ein Mediävist, nachdem er in der mittelhochdeutschen Buchstabensuppe umgerührt hatte, gekostet, sich das Maul verbrannt, getrunken, sich den Magen ausgerenkt, den Kehlkopf zum Schlingern gebracht. »Aus dem Finger gesogen, Literatenpack.«

Was sagt denn die Ute, das Muttertier der verwürfelten Geschwister? Die ist verzweifelt.
»Ich komme nicht mit«, sagte Hagen und setzte sich auf einen Stein, aber der zerbrach, er setzte sich auf einen Stuhl, den zerriss es, er blieb stehen und wippte von der Ferse zu den Zehen und zurück.
»Du möchtest mitgehen«, sagte Gunther mit baritonalem Schmeicheltimbre, »Krimhild will dich ausdrücklichst dabeihaben und einen Extrafrieden mit dir.«
»Hört, hört«, sagte Volker von Alzey. »An Etzels Hof wird meine Fiedel faul in den Tüchern liegen, mein Schwert wird springen von Morgen bis Mitternacht.«
»Gar nicht wahr«, sagte der Mediävist. »Das heißt, der zweite Halbsatz ist richtig.«
Jedenfalls stehe ich auf, der ich eine Blockhütte als mein Eigen habe und aus der ich heraustrete, weil ich Töne aus zeitgenössischen Instrumenten höre. Da kommen sie schon des Weges,

die Burgunder, wie sie gerühmt wurden von den Tratschbrüdern, welche nicht nur von Hof zu Hof zogen, sondern auch unterwegs in den Kaschemmen ihre Zeitungen zum Besten gaben.
Ich steh nur so herum in der Furt an der Donau, die hier eine gewaltige Biegung macht und ihr Getier und Geziefer aufkocht und zubereitet, damit sie auf uns Menschen losgelassen werden, uns stechen und beißen, uns aussaugen fast wie die hohen Herrn.
Es kommt schon der Gunther von Burgund, links und rechts Gernot und Giselher, sie kommen einher des Treidelwegs.
»Treidelweg«, schnaubte der Mediävist. »430 nach Christi. Lächerlich.«
»Da steht ein Untertan und gafft uns ins Gesicht«, sagt Gernot zu Gunther. Hinter dem Fistelstimmenkönig erscheint der von Tronje mit Schwarzbart und Augenbinde, als sei er Wotan.
»Jetzt habe ich dich«, brüllt er mich an, greift sich an die Seiten, entnimmt den Taschen die Kröten und beginnt mich zu bewerfen. Pfui, sind die glitschig, prallen ab von meiner Kinnlade, fallen mir vor die Füße und beglotzen mich mit einem Sterbeblick, glasig und splittrig zugleich. Er packt mich an der Gurgel. »Wo sind wir, sprich?«
»Ich bin Fährmann«, keuche ich, »kein Kundschafter. Lass mich los.« Hagen dreht sich zu Gunther, der nickt. »Ich fahre von da nach dort, von drüben nach hüben, in einem fort, über die Strudel hin, an den Sogfurchen entlang, mit meinem schwarzen Nachen, dem Eggehart, hin und her.«
»Hat diese Gegend einen Namen wie sonst üblich, du Molch?«
»In fernen Zeiten wird das hier Sankt Nikola heißen oder Grein oder Worms, was weiß ich?«
»Und heute?«

»Macht Rast, ihr edlen Burgunder«, rufe ich. Hagen sticht mich nieder, ich wache auf und höre Gefiedel der Philharmoniker aus dem Radio.
»Ah, du bist wach«, sagt meine Frau. »Wird Zeit.« Ich lange zu Hilde hinüber und ziehe sie zu mir her. »Bissl fiedeln vorm Frühstück?«
Ich fahre hoch. Aus dem Radiowecker ein Streichquartett von Brahms. Ich dreh ihn ab, mein Blick fällt in die andere Betthälfte, wo sich Bücher verlustieren, Kugelschreiber in Matratzenfalten rollen und Zeitungen, die ich beim Aufstehen mitnehme, verknittern.
Ich mach mir mein Frühstück, schau raus auf den Donaukanal. Regnerisch und kühl. Es wird Zeit, darüber nachzudenken, was ich in Grein zur Eröffnung der Festwochen reden werde.
Was hat der von Gutzeit gesagt, wie hat es Julian Schutting angelegt, ein Musikkenner erster Ordnung, indes ich ja Holzohren habe und von Musik nichts verstehe, auch wenn ich deren Lärm liebe? Was hat Franzobel gepflauselt, der ungefähr gleich gut Fußball spielen kann wie ich, als ich zwanzig Jahre jünger war als er heute? Wie verfährt die Kathrin Röggla, der ja im Unterschied zu mir immer etwas einfällt? Und meine Glücksfee von 1984, Elfriede Czurda, dieses wunderbare Sprachtier, wie hat die ihre Rede gestimmt?
Was steht denn überhaupt auf dem Programm? Der Lully. Ist das der Italiener, der mit dem vierzehnten Ludwig getanzt hat? Und kannte er den Poquelin, den Komiker? Molière und Lully, eine Begegnung? Ach Schmarrn. Telemann, Britten, dessen Oper *Billy Budd* ich gesehen habe, immerhin. Was ist denn das Motto heuer? Wo steht denn das Motto?

2

Meine Damen und Herren, da stehen nun alljährlich Schriftstellerinnen und Schriftsteller, um in einer Eröffnungsrede diese vorzüglichen Donaufestwochen einzuleiten, keine Musikerinnen, nicht einmal Instrumentenbauer, sondern Laien, Liebhaberinnen bestenfalls. Durch unsere Wörter, die manchmal sich womöglich zu Worten steigern, möge sich ein Pfad bilden, der von einer Sphäre zur anderen hinüberführe, sodass – mit sprachlicher Atzung versehen – das Publikum mit der geneigten und aufmerksamen Ohrenhaftigkeit ins Klanguniversum treten kann, um sich den verschiedenen Darbietungen hinzugeben.
Die Zwiesprache des Originalklangs mit der Moderne, das war und sind diese Festwochen. Die Jahrhunderte mögen auf Nichts schrumpfen, wenn der Ton, der musikalische Klang anhebt. Solcherart Klänge sind wohl geädert von den Schatten der Generationen, geselcht von kochenden Leidenschaften, abgeschreckt von den Kälten der Terrorregimes, zerstampft von den Machthämmern und Wirtschaftsmörsern kleiner Potentaten und großer Kapitäne. Duodezfürsten, Blut schlempernde Könige, Worte schleudernde Priester, Söldner, Kriegsvolk überhaupt, Erschlagene, Verbrannte, in den Himmel Gefahrene, all das lässt seine Töne, seine Kanganwesenheiten in die Echos fahren, in die Ohrenschaften der jeweiligen Zeitgenossen. Diese – Musikanten, Komponierer, Tonsetzer, Nachsänger – verarbeiten das lärmende Jammertal und werfen es als Tonganzes wieder aus, als die Musiken, derentwegen wir in Schlips und Abendkleid uns zu Horchgemeinden ordnen.
Eine Zwiesprache gewiss, ein Jahrhundertekondensat als gegenwärtige Klangwelt. Was da erklingt, ist wohl einerseits unseren

Vorfahren einst abgelauscht und auf Dauer gestellt, andrerseits erzeugen heutige, lebendige, mit dem modernen Kladderadatsch bedrängte und durchwalkte Leute den alten Klang. Welche Transformationen finden statt, welchen Weg ist der Originallaut gegangen, bevor er aus den alten Gamben neuer Musiker heraus klingt? Oder ist der Originallaut ohnedies peinlichst ein und derselbe, eine authentische Nämlichkeit, aber unsere Ohren haben andere Tonerfahrungen als jene alte Ohren, an die jener damalige Klang stieß.

Was hören wir denn, wenn wir Alte Musik hören, selbst wenn die auf Originalinstrumenten neu erzeugt wird? Meine Holzohren hörten, wenn ich sporadisch diese Musiken vernahm, immer das Gleiche. Es war ein Klang, als säßen die Perückenträger um die Kandelaber herum, kleine Teufel und Feen tanzen bisweilen vor müden edlen Herrn, die angelegentlich ihre Finger in ein halb verkohltes Fleischstück versenken, um mit gelben Hauern Teile davon herauszubeißen, davor und danach Humpen von Met oder anderen inzwischen unbekannten Flüssigkeiten zu trinken. Im Hintergrund eine Art Lautenmusik, oder Geflöte, Spinettklänge. Aber auch Parkanlagen mit zu Kugeln geschnittenen Bäumen, lustwandelnde Paare, dazu jene Alte Musik. Aber dies ist Kino, jenes wohl Klischee.

In meiner Frühzeit wurde ich von den Arbeiterkindern, mit denen ich in einer Gruppe organisiert war, Mozart genannt. Diese Gruppe der sogenannten Freien Österreichischen Jugend war im zweiten Wiener Gemeindebezirk, in der Josefinengasse daheim, einmal die Woche trafen wir einander, um politische Referate zu hören, Pingpong zu spielen und im Übrigen als künftige Mitglieder der Kommunistischen Partei gewonnen zu werden. Ich war ein verträumter, intellektuell wirkender Bursche, dessen Interesse an Boogie-Woogie und Rock and Roll sich in Grenzen hielt. Die Lehrlinge bekamen heraus, dass ich lieber Mozart höre. Das war für diese Kerle so lustig und absurd zugleich, dass ich mir jenen Spitznamen einfing, obwohl ich zu der Zeit am *Türkischen Marsch* eben dieses Mozart als Klavierspieler glanzlos gescheitert war.

Doch es gab in anderen Gruppen der FÖJ Menschen, die begeistert Jazz hörten. Von denen erfuhr ich, wiewohl auch Jazz mich damals nicht interessierte, dass diese Jazzer von Bach begeistert waren. Einer schwärmte mir von einem Scarlatti vor, besser gesagt von zweien, Vater und Sohn. Die gefielen mir, und für lange Zeit galten mir die drei als das Pars pro Toto für jenen Teil der Musik, der mich ermüdete, und so beließ ich es bei diesen, fügte, wenn es gar nicht anders ging, Vivaldis *Jahreszeiten* hinzu, aber ich hatte bei Schubert, Beethoven und Schumann eine ganz andere Aufmerksamkeitshaltung eingenommen.

Meine Tante nahm mich sehr früh mit in die Oper. Dort gab es ja mehr zu sehen als alte Männer hinter Instrumenten, wenn man über den Orchestergraben den Blick hob. Dort erklangen allerdings die bunten und reich beperlten Musiken des klassischen Repertoires. Die zu Gefühlsausbrüchen zugerichteten Inszenierungen lehrten mich vieles, genau hinhören war nicht darunter. Doch dieselbe Tante hat bemerkt, dass ich eine wunderbare, wenn auch etwas verwilderte Sopranstimme hatte. Ich hätte bei den Sängerknaben singen können, nach Amerika reisen und nach Japan, was 1954 schon etwas bedeutete, für das ich mich begeistern konnte. Leider war ich nicht katholisch, und so blieben mir die Sängerknaben versperrt. Hätte ich dort Alte Musik verstehen gelernt?

Am anderen Ende allerdings stand ich noch ärger an. Zwar klang auch die Moderne für mich ziemlich nach ein und demselben, dazu kam noch, dass ich da den Verdacht von Beliebigkeit hatte: Es ist offenbar egal, ob die Musik so oder so klingt, Hauptsache, man kann sich die Tonfolgen nicht merken.

Doch die Musik insgesamt hat es an sich, dass einer, wenn er sich aufgehoben haben will in einem Abstraktum, welches die schönsten Gefühle erzeugt oder belebt, nolens volens an diese beiden Enden des musikalischen Zeitgeschehens stößt. Mit zunehmendem Alter, welches ja ein stetes Ausdifferenzieren nötig macht, damit man es überhaupt aushält, wuchs bei mir auch die Neugier auf die ganz neue Musik, sodass ich mich gut und gern diesen Metamorphosen der verklungenen Welten auszusetzen begann, wenn auch in Maßen. Als Resultat ist herausgekommen, dass ich sowohl bei Wagnermusik nicht sofort daran dachte, welches Land soll denn jetzt überfallen werden, als auch auf Mahler süchtig wurde, unheilbar. Nun also die Alte Musik. Was kann ich ihr noch ablauschen? Gleich und Gleich gesellt sich doch gern.

So ist die Unternehmung der Zwiesprache von alter mit neuester Musik für mich vielversprechend, und wenn ich dazu auch eine Eröffnungsrede halten darf, dann riskiere ich es und tu es.

Was war denn da für ein Lärm? Ein gewisser Kaplan, der als Einziger im Zug der Nibelungen laut Prophezeiung überleben sollte, wurde vom zornigen Hagen in die Donau geworfen, dort, wo die Strudel sind. Als er sich dennoch rettete, wusste der einäugige Finsterling, dass sie allesamt verloren waren. Trotzig zog er mit den andern an Pöchlarn vorbei und von Rüdiger bewirtet in Not und Tod.

Gestatten Sie, meine Damen und Herren, dass ich die Eröffnung gleich wieder schließe mit einem Gedicht, das ich schrieb, als ich der Mahlersucht erlag:

Überland
(Zur Dritten Mahler)

Dicht beflockt vom Geratter
Der Wörter liegt das Land.
Unhungrig schlafen die Rehe
Im Forst, kleine, heilige Drosseln
Verschieben die Wolken, wie es ihnen
Wohlgerät. Andere Tiere zerreißen sie wieder
Damit die wörtergeplagten Rinnsale
Auftröpfeln können.
Durch das gehe ich, die Hände
In den Gesäßtaschen. Wütend
Schleuder ich mein Schweigen
Auf die Ebenen. Das hallt.

DER EIGENSINN IM DÄMMER

ZU »RESSENTIMENTS« DES JEAN AMÉRY

1

Dem Individuum Améry ist allerlei zugestoßen. Es war wenig Kleines dabei. Seine Verhaftung in Belgien, die Tortur mit dem Ochsenziemer, der deshalb und mit dem ersten Schlag erfolgte sofortige Verlust des Weltvertrauens, Westerbork, Auschwitz-Monowitz, das prekäre Überleben, die von Auschwitztrümmern mehr und stärker zerklüftete und müder werdende Seele in einem jäh alternden Körper.

Der spezielle Eigensinn des Jean Améry bekam den Namen Ressentiment. Es war sein Eigensinn in der Abenddämmerung seines Lebens.

Hartnäckig trug er Deutschland dessen zwölf Jahre Hitler nach. Er konnte nicht anders. Nachdem er aus Auschwitz zurückgekommen war, wähnte er eine Zeit lang, der Sieg über den völkischen Eigensinn durch die Alliierten sei ein wenig auch sein Sieg gewesen. Es war ihm nicht so unrecht, dass Deutschland nunmehr als Kartoffelacker Europas weiterexistieren möge. Denn er hatte die Erfahrung gemacht, dass er sich vor einem kleinen Feldgendarmen ebenso zu fürchten hatte wie vor dem SS-Schergen in Auschwitz. Er vergaß die mitleidlosen und steinernen Antlitze der deutschen Bevölkerung nicht, als diese dem Ausladen von Häftlingsleichen aus den Waggons beiwohnte, gleichgültig, so schien es ihm. Und wenn jemand von einer Bevölkerung den Deportierten und hiebei Dürstenden, Hungernden etwas zuwarf oder zusteckte, dann war das nie die deutsche, sondern etwa die tschechoslowakische, belgische Bevölkerung. Warum soll nicht ganz Deutschland es büßen, was es als Ganzes getan und schlechthin billigend in Kauf genommen hatte?

Zum erstenmal stutzte ich 1948 bei der Durchfahrt durch Deutschland im Eisenbahnzug. Ein Zeitungsblatt der amerikanischen Besatzungsmacht fiel mir da in die Hand, und ich überflog einen Leserbrief, in dem es anonym an die Adresse der GI's hieß: – Macht euch nicht so dicke bei uns. Deutschland wird wieder groß und mächtig werden. Schnürt euer Ränzlein, ihr Gauner. – Der offenbar, teils von Goebbels, teils von Eichendorff inspirierte Briefschreiber konnte damals so wenig wie ich selbst ahnen, daß es diesem Deutschland in der Tat bestimmt war, großartige Macht-Wiederauferstehung zu feiern.

Und wo er hinblickte, ein Nazi, ein Mitläufer, ein Wegschauer, ein Nichtwisser. Im Kalten Krieg wurden die Ehemaligen wieder wer. Er wollte mit diesem ganzen Volk nichts zu schaffen haben, wählte einen Namen romanischen Ursprungs, wenn auch anagrammatisch, und wähnte sich in der *Wirklichkeit der Zeit und war schon zurückgeworfen auf eine Illusion.*

Zugleich boten sich Juden an zu verzeihen, *sie vibrierten von Vergebens- und Versöhnungspathos.*

Aber verzeihen können nur die Toten.

Andere Juden konnten es kaum erwarten, *aus den USA, aus England oder Frankreich nach Deutschland, West und Ost, zu eilen, um dort als sogenannte Umerzieher die Praeceptores Germaniae zu spielen.*

Diese beiden Haltungen von Juden waren Améry höchst unsympathisch und suspekt. Denn *die Sozietät ist befaßt nur mit ihrer Sicherung und schert sich nicht um das beschädigte Leben. Sie blickt vorwärts, im günstigsten Fall, auf daß dergleichen sich nicht wieder ereigne. Meine Ressentiments aber sind da, damit das Verbrechen moralische Realität werde für den Verbrecher, damit er hineingerissen sei in die Wahrheit seiner Untat.*

2

Wer das Weltvertrauen verliert, dem geht das Sehnen und Sinnen da hin, es wieder zu gewinnen. Was geschieht? Bereits das Vertrauen ist selten bloß eine abgegriffene Münze unter Menschen; allenfalls Stumpffühlige und Indifferente können es als eine solche Scheidemünze handhaben, ihnen ists ein Wechsel beim Ein- und Ausatmen, eine Worthülse, um sich ihren Weg zurechtzulegen. Ansonsten wiegt der Vertrauensverlust eher schwer. Er lässt halt die Seele splittern, auch bei unversehrtem Leib. Und alsodann gar das Weltvertrauen, das ist wohl nichts Kleines! Dieses wiederzugewinnen, das will man, das muss man wollen, wenn man weiterlebt – aber was geschieht? Die Rückeroberung des Weltvertrauens geht bloß durch Umkehrung von Zeit. Alles Sinnen und Sehnen geht auf das Ungeschehenmachen. Kein Ochsenziemer, kein Leben als Wanze, weil man Jud ist, kein *verbracht ins Gelände*, kein Himmler'sches *Anständiggebliebensein* und auch kein SS-Mann Wajs aus Antwerpen.

Doch all das geschah, und auf Deutschlands und Österreichs Territorien liefen die Leute herum, die das angerichtet und zugelassen hatten. Nun hatten sie es nicht mehr mit dem Führerwillen, nun hatten sie es mit sich zu tun. Einst hatte der Zuschauer beim Straßen waschenden Juden bloß einen Blick geworfen, keine Giftbüchse. Der Schlagstock des SS-Mannes Wajs war bloß sein verlängerter Arm, und der Kopf, den er traf, Hanns Maiers Kopf, war nur das Köpfchen eines Insekts. Dem Untäter ist die Wahrheit seines Tuns nicht gegeben und nicht sichtlich gewesen. Sein Tun war Teil des völkischen Eigensinns, und dieser war ein Universum ohne Horizont und grenzenlos. Der Untäter lebt im Weltvertrauen weiter und bedarf keiner Zeitumkehr, keines Ungeschehenmachens. Zwar kann er sagen: Tut mir eigentlich leid, aber ich hab halt tun müssen, was verlangt war, sonst hätt ich selbst ...

Anders allerdings ging es den Untätern, wenn sie vorm Exekutionspeloton standen. SS-Mann Wajs erfuhr im Augenblick seiner Hinrichtung womöglich die moralische Wahrheit seiner Untaten. *Er hat, so möchte ich glauben, im Augenblick seiner Hinrichtung die Zeit genau so umdrehen, das Geschehen genau so ungeschehen machen wollen, wie ich*, schreibt Améry. *Als man Wajs zur Richtstätte führte, war er aus dem Gegen-Menschen wieder zum Mitmenschen geworden.*

Amérys Eigensinn hat wahrlich angeeckt. Er hat auch seine Lebensabenddämmerung beschleunigt. Man warf ihm Opferallüren, Lagerkomplex und Rachsucht vor. Die Bitternis wegen der Unmöglichkeit, die Zeit umzukehren, die Verzweiflung darüber, dass geschah, was geschah, und man sich nolens volens damit abzufinden begann und andauernd hernach abfindet, ließen den Ochsenziemer immer wieder in seiner Seele arbeiten und zerstückten sie mehr und stärker, bis er schließlich die große Freiheit betrat im Hotelzimmer zu Salzburg.

3

Lehrt uns dieser Selbstmord etwas? Lehrt uns der Eigensinn, der sich den Ressentiments beigesellt, etwas? Kommt die Kollektivschuldthese zurück? Ist sie je fort gewesen, wenn wir den Überlebenden ins Herz und in die Galle schauen könnten?

Einerseits möchte der Adorno'sche kategorische Imperativ »Lebe so, dass Auschwitz sich nicht wiederholt« eine gesellschaftstaugliche Zeitumkehr erreichen, denn wenn wir alle in alle Zukunft hinein durch unser Tun Auschwitz unmöglich machen, dann ist es irgendwann sozialmoralisch nicht geschehen oder historisch geworden, andrerseits ist es vom Gedächtnis her doch geschehen, und man lebt mehrheitlich nicht so, dass Auschwitz sich nicht wiederholt.

Lassen Sie mich zum schlechten Ende selbst ein Ressentiment aussprechen: Wenn heute der Führer einer rechtsextremen Partei so spricht, wie Herr S. spricht, so tut, wie Herr S. tut, wenn ihn bloß drei Finger vom Hitlergruß unterscheiden in jugendlicher Vergangenheit, aber die heutige Zeit ihn vom veritablen SS-Mann unterscheidet, der er mit an Sicherheit grenzender Wahrscheinlichkeit gewesen wäre, hätte er neunzehnachtunddreißig als Erwachsener gelebt und getan, was Herr S. getan hätte – dann muss sich eine zivile Gesellschaft heute überlegen, was zu tun ist, damit Herrn S. oder Herrn »Wir werden uns den Namen schon merken« nicht jene Zeitumkehr gelingt, infolgedessen die Demokratie und die Menschenrechte ungeschehen gemacht werden und der völkische, der nationale Eigensinn diese Herren und ihre Brüder und Nachfolger wieder zu Untätern machen wird.

Nicht was einer damals getan hat – so es kein Blutsverbrechen war –, sondern wie er heute handelt, das setzt ihn in jene moralischen Grenzen, innerhalb derer sich das individuelle Leben nicht in das von Wanzenmassen verwandeln kann. Mein Ressentiment gegen Rechtsextremisten in den Täterländern bringt die moralische Wahrheit der Naziuntaten auf den neuesten Stand und ist so berechtigt und zugleich allerdings nicht ganz so bedrückend wie Jean Amérys Ressentiments einst.

Herr S. hat keine Untaten als SS-Mann begangen, denn er konnte nicht bei der SS gewesen sein. Aber er und seine Nachfolger, die jetzt Siebzehnjährigen, der eine, der andre, was ist balde mit denen? Werden sie diese Zeitumkehr schaffen?

So bleibt uns der Eigensinn im Dämmer, den uns Jean Améry vorgelebt und vorgestorben hat, wohl ein Menetekel. Die Entgrenzung aber schreitet voran. Die Straßen frei. Wehe uns allen, wenn wir die Barbaren gegen eine Zivilgesellschaft als Populisten verharmlosen, wenn Auschwitz ungeschehen gemacht wird, indem es wieder geschieht.

4

Bis hierher ging mein Vortrag, den ich damals beim Améry-Symposium 2008 in der Österreichischen Gesellschaft für Literatur gehalten hatte. In der nachfolgenden Diskussion fand es die Filmemacherin B. emotional zwar verständlich, aber ganz und gar unmöglich, dass ich dem Herrn S. schlankweg unterstelle, er wäre damals ein Nazi geworden. Das könne man nie wissen. Man wisse nicht einmal, wie man selbst geworden, wenn man damals etwa kein Jude gewesen wäre. Man dürfe sich das nicht anmaßen. Mein Einwand, ich hätte bloß ein Ressentiment geschildert, mein Ressentiment gegen Leute vom Schlage des Herrn S., fruchtete gar nichts.

Ich ging bedrückt heim und fragte mich, wie wohl der Adorno'sche Imperativ »Lebe so, dass Auschwitz sich nicht wiederholt« praktisch aussieht. Wenn ich mir nicht vorstellen darf, wie heutige Rechtsextremisten einst gehandelt hätten, also solche, die das heute bekannte Repertoire an Menschenverachtung, Engstirnigkeit, Intoleranz und Angstmache ausbreiten und wirksam machen, wie kann ich dann jenen Imperativ anschaulich halten. Noch mehr, und hier hat B. recht: Wenn ich mir nicht auch vor Augen führe, was ich selbst damals getan und gedacht hätte, möglicherweise und unter Umständen, auch wenn solche Vorstellung natürlich ganz und gar hypothetisch ist, dann kann ich doch nicht im Ernst selbst so leben und so zu handeln versuchen, dass Auschwitz oder das, wofür der Begriff Auschwitz steht, sich nicht wiederholt. Mein Ressentiment gegen Herrn S. dient also auch der Selbstüberprüfung in jenem Sinne. Niemand hat Rassismus und Xenophobie in sich irgendwann und ein für alle Mal überwunden und lebt nun immerfort als guter Mensch. Jeder muss in sich immer wieder den Kampf führen, soll er nicht faul und gleichgültig werden und die Dinge geschehen lassen.

Auch Amérys »Kollektivschuldthese«, die sein Ressentiment eindeklinierte, diente letztlich diesem modernen kategorischen Imperativ des Adorno. Man möchte wohl dabei gern einer gewissen Selbstgerechtigkeit entgehen. Müsste man in sich selbst »tägliches Plebiszit« um Demokratie und Menschenrechte abhalten, dürfte man entsprechende zivilisatorische Anforderungen auch an Mitmenschen stellen. So sind Herr S. und tutti quanti aufgefordert, so zu handeln, dass man gar nicht auf die Idee kommt zu fragen, wie sie sich damals verhalten hätten. Gleichwohl muss ich einräumen, dass Ressentiments womöglich einen Zugewinn an Erkenntnis bringen mögen – auch über sich selbst –, für zivilisiertes Handeln sind sie nicht günstig. Der Gedanke, dass die Gefahr eines Zivilisationsbruchs von gewaltigem Ausmaß immer mehr und eher aus der Mitte der globalisierten Gesellschaften kommt und die Ränder ihr bloß ein je vorläufiges Gesicht geben, ist nicht von der Hand zu weisen. Er bietet künftig Anlass zu Sorge und Wachsamkeit. Sich an Pappkameraden abzuarbeiten, daweil schon mitten in uns an der Barbarei gearbeitet wird, das wäre so kurios wie lebensgefährlich.

5

Wir entgrenzen uns immer mehr. Zum Wachstum, das sich selbst zur Nachhaltigkeit verurteilt hat, gesellen sich die Wissensdürste, die Sicherheitsbedürfnisse, die Finanzspekulationsgieren, welche sämtliche Gestaltungsprinzipien fundamental unterhöhlen, als seien das alles konzeptuelle Kunstprojekte. Man denkt leichthin viele Gestalten und gestaltet schwerhin kaum einen Gedanken. Die Eigensinne der Menschen erscheinen wie vereinzelte Fettaugen auf der Oberfläche der ansonsten energisch durchgerührten Rindsuppe, sie beinseln sich mehr und mehr, nehmen bereits nahezu monadischen Charakter an. Massenhafte Individuationen heben solche Eigensinne gleichsam auf, und es bleiben der bloße Name Freiheit und das geplusterte Programm

Selbstverwirklichung. Die Entgrenzung ist ein Gleichrichter aller Einzelnen, und so strömen und leben sie dahin.

Einst – es ist so lang noch nicht her – fand eine Entgrenzung anderer Art statt. Sie folgte dem Zivilisationsbruch, sie war er zugleich. Eine völkische und eigensinnige Maßlosigkeit demolierte die Moralschranken schlechthin; der auf sich und seine Rasse bezogene Wille gab sich Dasein als Gleichrichter, und dieses Dasein war die Schoah, in die der Jude Hanns Maier hineingeraten ist, wie alle anderen Juden hierorts auch.

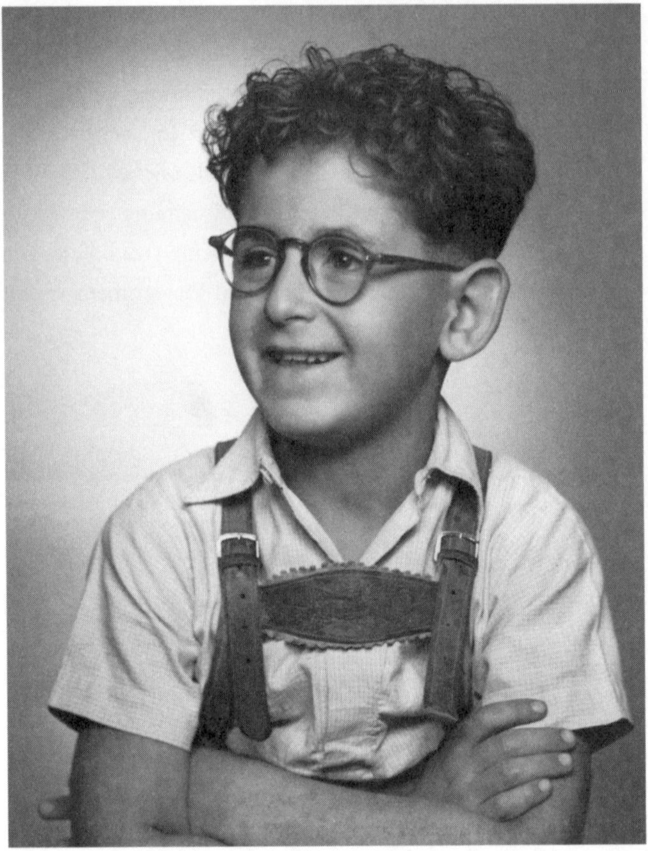

DEN GERECHTEN

REDE ANLÄSSLICH DER ENTHÜLLUNG
EINER GEDENKTAFEL FÜR DIE GERECHTEN
UNTER DEN VÖLKERN
AM 18. 4. 2001 AM JUDENPLATZ IN WIEN

Die Elsässerin Suzanne Soël führt ihren Sohn in der Linzer Altstadt im Kinderwagen spazieren. Sie hat sich mit ihrem Freund Pierre Lutz aus Strasbourg freiwillig zur Arbeit im Reich gemeldet. Nun ist sie in der Küche des Gasthofes Maischberger beschäftigt. An ihrem freien Tag zeigt sie dem drei Monate alten Säugling, wie schön Linz ist. Ein Rad löst sich vom Kinderwagen und rollt über das Trottoir vor die Füße des Mottl S. Der junge Mann hebt das Rad auf, um es der Frau mit dem nunmehr lädierten Kinderwagen zurückzugeben.
»Gerty, was machst du denn in Linz«, entfährt es ihm, als er ihr ins Gesicht geblickt hat.
Gerty Schindel schaut ihn erstaunt an, tut so, als erkenne sie ihn nicht, geht weiter. Mottl entfernt sich ebenfalls, murmelt eine Entschuldigung.
Suzanne Soël kehrt ins Bretteldorf zurück, wo die Fremdarbeiter, die Zwangsarbeiter, die Ausländer alle wohnen.
Einige Tage später wird der junge Jude Mottl in Wien entdeckt und zur Gestapo gebracht. Es ist Juli 1944. Unter der Folter muss er sprechen. Schließlich verrät er auch, dass er Gerty Schindel auf der Straße in Linz getroffen hat. Sie und Pierre Lutz alias René Hajek, also meine Eltern, werden verhaftet. Die ganze Linzer Widerstandsgruppe ist aufgeflogen. Meine Eltern, nicht nur jüdisch, sondern auch jüdisch aussehend, wurden im Auftrag der

Kommunistischen Partei aus Frankreich im September 1943 nach Linz geschickt, um dort gegen die Nazis zu arbeiten. Linz deshalb, weil man die Gerty Schindel in Wien polizeilich kannte. Sie war ja schon seit 1927 bei den Kommunisten und ab deren Verbot illegal tätig. 1934 wurde sie bereits verhaftet und wegen Hochverrats zu fünf Jahren Gefängnis verurteilt, 1936 amnestiert. Dann ging sie nach Paris, um im Spanienkomitee der Partei zu arbeiten, und dann in der Résistance.

Nun sitzen sie in Linz bei der Gestapo und werden enttarnt. Schließlich deportieren die Nazis beide nach Auschwitz als Schutzhäftlinge der Gestapo. Dort sollen sie auf ihren Prozess warten. Sie werden deportiert ohne den kleinen Robert, denn der ist wie vom Erdboden verschluckt. Verdrossen suchen die Polizisten eine Zeit lang nach ihm, um ihn der Mutter auf dem Weg nach Osten beizugeben, doch wie Sie an mir hier sehen, vergebens. Eine Säuglingsschwester setzt sich, als sie von der Verhaftung der Eltern erfährt, mit dem Wickelkind, auf das sie zufällig an jenem Tag aufgepasst hat, in den nächsten Zug nach Wien. Dort gibt sie das Kind bei der Nationalsozialistischen Volkswohlfahrt, NSV, im zweiten Bezirk in der Schmelzgasse ab, als Waise von Bombenopfern, Fremdarbeitern.* Sie sagt den Kinderschwestern in Wien drei Merkmale, die mich künftig von Mund zu Ohr begleiten werden: Robert, 4. 4. 44, Leberfleck am rechten Unterarm.

Da liege ich nun, nicht gerade unbenast, schwarzhaarig und dunkeläugig unter den blonden Putzerln und bin halt der »Fran-

---

* Inzwischen hat sich durch neue Forschung herausgestellt, dass ich nicht bei der NSV, sondern im jüdischen Kinderspital überlebt habe. Auch meine beiden Retterinnen sind inzwischen bekannt. (Siehe: Was wird aus Robert Soël?)

zos«. Da werde ich bei Kontrollen in ein abgelegtes Kammerl geschoben, ein dämmriges.

Es gibt einige bei der NSV, die bemerkt haben, dass ich nicht ganz koscher bin. Doch keiner und keine verrät den Judenbalg.

Die Alliierten legen zu dieser Zeit ihre Bombenteppiche auf Gerechte und Ungerechte, ich schreie mich in den Luftschutzkellern der Leopoldstadt meiner Befreiung entgegen, wie die blonden Putzerln auch. Mag sein, dass deren Verwandte das nicht als Befreiung, sondern als Zusammenbruch empfunden haben, die Maisonne 1945 bescheint uns gleichermaßen.

Meine Mutter hat Auschwitz-Birkenau, den Todesmarsch und Ravensbrück überstanden. In Ravensbrück sollte sie mit zwei anderen jüdischen Kommunistinnen, Toni Lehr und Edith Wechsberg, zur Hinrichtung in den Bunker verbracht werden, entlief mit den beiden, flitzte die Lagerstraße hinunter, bog ab und versteckte sich drei Wochen in Typhusbaracke, Totenkammer, Latrine. Alle drei konnten nicht gefunden werden und überlebten. Nachdem Gerty in Schweden wieder etwas aufgepäppelt worden war, geht sie nach Wien zurück, um ihr Kind zu finden und für den Sozialismus zu kämpfen. Mit »Robert, 4. 4. 44, Leberfleck am rechten Unterarm« findet sie mich im August 1945 in einer Meidlinger Wohnung, nimmt mich den Pflegeeltern weg, die nicht wissen, ob sie weinen oder lachen sollen, und beides tun. Der Freund der Gerty, René Hajek, mein Vater, ist am 28. 3. 1945 in Dachau hingerichtet worden. Von ihm weiß ich bloß, dass er sich immer ordentlich gewaschen hat und für Österreichs Freiheit gestorben ist.

Alle anderen meiner Familie, bis auf den Bruder der Gerty, der noch nach England entkam, sind nach dem Osten abtransportiert worden und haben ihr Grab in den Lüften gefunden.

Meine Retter, die leider anonym gebliebenen Gerechten, sind: die Säuglingsschwester in Linz, jemand, der sie informiert und gewarnt hat, das Personal der NSV in Wien, Schmelzgasse. Eine kleine Menschenkette hat sich so über ein winziges jüdisches Kind gebeugt, dass Hitler und die Seinen es übersehen mussten.

Mir bleibt aus dieser Zeit nach anfänglichen Schreinächten in der Kindheit und Jugend bloß ein bisschen Gänsehaut, wenn Sirenen heulen, und ein unangenehmes Gefühl in geschlossenen Räumen bei Dämmerung.
Doch im Nachhinein habe ich erfahren, dass zu viele, aber eben nicht alle dem Führer gefolgt sind, dass die Gerechten hierzulande selten anzutreffen waren, aber immerhin anzutreffen. Jedem Einzelnen von ihnen, auch denen, die mit meiner Errettung nichts zu tun hatten, verdanke ich mein Leben.
Sie sind auch der Grund dafür, dass ich als Jude selbstverständlich in Wien leben kann. Sie gleichen für mich jeden Ärger und jede Kränkung aus.
Sie, diese Gerechten und ihre Nachkommen – verwandte und nicht verwandte Nachkommen –, machen diese Stadt lebenswert. Sie sind es, die den kategorischen Imperativ, den neuen des Adorno, vor unseren Augen beherzigen, der da lautet: Lebe so, dass Auschwitz sich nicht wiederholt.
Meine anonymen Retter haben sich mir eingefleischt und ermöglichen mir – wie ich hoffe – einen differenzierten Blick auf dieses Volk, in dem ich lebe und dem ich jenseits des Reisepasses möglicherweise auch angehöre.
Vorerst.
Danke

GEPÄCKSTÜCKE DER HEIMAT
ZUM 25. GEBURTSTAG DER
THEODOR KRAMER GESELLSCHAFT

1

Sie sind da. Vater steht auf, zieht den Mantel an, schaut zurück auf seine Frau, seine beiden Kinder. Neben ihm warten zwei Männer in den Ledermänteln und der Hausmeister. Das Ticken der Kuckucksuhr lenkt die Kinder ab, sie sehen vom Vater weg und hin zur Uhr. Als sie wieder zum Vater blicken, sehen sie dessen Rücken, der Hausmeister macht im Zurückschauen ein entschuldigend-verlegenes Gesicht. Gleich darauf ist die Kavalkade bei der Tür draußen. Nun kann die Mutter zu weinen beginnen.
Drei Tage später befindet sich der Mann in einem Transport nach Dachau. Dort wird er innerhalb der nächsten sechs Wochen von der SS erschlagen. Seine Urne samt Sterbensvermerk und -ursache Lungenentzündung wird der Witwe zugestellt und vergebührt.
Ein knappes Jahr danach kommen die Kinder dieses jüdischen Sozialdemokraten mit einem Kindertransport nach England zu Pflegefamilien, der Bruder nach Sunderland, die Schwester nach London. Er war knapp fünfzehn, sie dreizehn, sie sind fort und dort. Die Mutter bleibt in Wien, denn ohne ihre Mutter lässt sie sich nicht vertreiben, und mit ihrer Mutter darf sie in kein Land hinein. So verschwinden die beiden im Osten in der Schoah, und somit ist diese Geschichte im Inneren der Heimat fertig. Außerhalb und draußen gibt es eine neue Geschichte der Ge-

schwister, die bis heute dauert und die dennoch nicht vom Fleck kommt. Trotz Bemühungen hat das Geschwisterpaar die Mutter, den Vater und die Großmutter nicht unter die Erde bringen können. Beide Kinder als über Achtzigjährige kleben wie ein Foto an der Wand ihrer Wiener Wohnung neben der Kuckucksuhr, und ihnen ist, als sei seit dem Moment, da jene Männer dort waren und ihren Vater mitgenommen hatten, bloß das Ticken der Uhr passiert. So ist es allerdings im Inneren der Geschwister gewesen. Im Äußeren haben die beiden Berufe erlernt, Familien gegründet, ihr Leben gelebt in Sunderland und London.

Irgendwann hat ein gewisser Leon Zelman vom Jewish Welcome Service Vienna die Schwester in ihre Geburtsstadt eingeladen. Gemeinsam mit anderen einst Verjagten besichtigte sie das moderne, weitgehend nazifreie Wien. Herr Zelman, der in diversen KZs seine Jugend verbracht hatte, machte der Gruppe das neue Wien schmackhaft, so gut er es vermochte, er verwedelte Waldheim und Haider mit seiner empathisch-gastfreundlichen Gestikulation, so gut es ging. Die Schwester war mit Bangen nach Wien gefahren, war aber gewappnet: Im Jahre 1962 soll nämlich eine andere Verjagte Wien wieder besucht haben. Diese kam abends an und logierte am Stephansplatz in einem Hotel direkt oberhalb des späteren Welcome Service. Als sie am nächsten Morgen die Vorhänge zurückschlug, sah sie eine riesige Hakenkreuzfahne vom Stephansdom herunterhängen. Sie erschrak und starb. Niemand hatte ihr gesagt, dass der Regisseur Otto Preminger den Film *Der Kardinal* in Wien drehte und der Stephansplatz über Nacht zum Drehort ausgestattet worden war. Die Schwester wusste also, dass es nicht unbedenklich war, so ohneweiters Wien zu besuchen. Als sie nach London zurückgekehrt war, fiel sie das Heimweh an, so dass sie sich bald darauf wiederum in ihr Innerstes zurückzog.

Der Bruder hat schon als Schüler Gedichte und kleine Erzählungen geschrieben, sein Vorbild war Karl Kraus. So bemühte er sich um eine korrekte Sprache. Sein Vater war Schriftsetzer gewesen und hatte ein kräftiges Wienerisch gesprochen. Der Sohn sprach ab seinem dreizehnten Lebensjahr ein leicht geziertes altösterreichisches Hochdeutsch, welches er sich aus Vorträgen, Radiosendungen, seinem monarchistischen Deutschlehrer und der Karl-Kraus-Lektüre zusammensetzte. Aber im trostlosen und lebensrettenden Sunderland musste er buchstäblich alles, was er zum Fortkommen benötigte, in Englisch erledigen. Er begann dann, in einer Fabrik zu arbeiten und beim dortigen Klub Fußball zu spielen. Letzteres gefiel ihm, und er träumte davon, zu den Londoner Kanonieren, zu Arsenal, zu wechseln, doch das gelang ihm nicht. Vorm Schlafengehen oder zeitig in der Früh schrieb er hochdeutsche Gedichte, die er niemandem zeigte und auch vor sich selbst verbarg. Doch hörte er damit nicht auf, er schrieb die Hefte voll. Es waren die nicht ausgepackten Gepäckstücke von drüben aus Wien, von drinnen, die er in Form der Sehngedichte und Zornlieder herüben in Sunderland, draußen, anlagerte. In den Achtzigerjahren sah er bei einem Freund in London, der einst auch als Jugendlicher vertrieben worden war, den er aber damals in Wien nicht gekannt hatte, eine deutschsprachige Zeitschrift auf dem Tisch liegen. Sie hieß *Mit der Ziehharmonika*. Er begann in ihr zu blättern, nachdem er folgendes Motto gelesen hatte:

Nicht fürs Süße / Nur fürs Scharfe / Und fürs Bittre bin ich da / Schlag / Ihr Leute / Nicht die Harfe / Spiel die Ziehharmonika

In diesem Heft fand er eine Menge Gedichte von Exilautor(inn)en, die, obwohl völlig anders, den seinen glichen. Also schickte er einige seiner Texte an die Redaktion nach Wien, ohne sie nochmals zu lesen. Als er aber das Belegexemplar mit den abgedruckten Gedichten aufschlug und seinen Namen sah, musste er den Atem anhalten. Nun machte er seine Gedichte öffentlich: Er zeigte sie seiner Frau. Die lächelte gerührt, Deutsch verstand sie nicht, ebenso wenig seine Kinder. Noch zweimal erschienen Texte von ihm in dieser Zeitschrift, die nunmehr *Zwischenwelt* hieß. Für ein paar Momente ist das Innere mit dem Äußeren seines Lebens zusammengekommen, um sofort wieder auseinanderzufahren.

2

Was macht eine Literatur nach dem großen Zivilisationsbruch? Wie stellt sie es dar, dass die Völker von Schiller und Goethe, von Grillparzer und Nestroy der völkischen Ideologie verfielen, den Großen Weltkrieg anfachten, um darin umzukommen oder lebenslänglich an Leib und Seele sich zu versehren? Wir kennen es: die Nachkriegsliteratur, den Kahlschlag, die Absage an Pathos und Überschwang, jene treuen Begleiter so viele Jahrzehnte davor.

In Österreich gab es zwei spezifische Reaktionen auf die Barbarei: die Antiheimatliteratur, denn das Seelenkraftwerk Heimat war mit Blut und Boden schon lang kontaminiert. Nun musste gezeigt werden, was alles den Dorfidyllen entsprang. Nicht bloß das dort innewohnende materielle Elend, sondern erst recht das mit dessen kümmerlichen Sicheln geschnittene geistige Elend verwandelte diese Seelenlandschaften in nachtmahrene Weiher, in Knochenmühlen, in Mordschlösser mit Teichbefriedungen. Für eine Generation war die Heimat so wie die dort eingezüchtete Familie der Inbegriff von Reaktion, Enge, Bigotterie, Barbarei.

Die zweite Reaktion manifestierte sich in der experimentellen Literatur, exponiert von der *Wiener Gruppe*, die im traditionellen Erzählen bloß die Heuchelei und Lügenhaftigkeit der vergifteten Kriegs- und Aufbaugeneration las und stattdessen sich aus der zerlumpten und zerbrochenen Sprache eine eigene poetische Wirklichkeit schaffen wollte. Überhaupt war das Gegenständliche verpönt, weil es, pathetisch aufgezwirbelt oder emblematisch in den Dienst genommen, an die Nazikunst erinnerte.

Füglich gab es immer schon und unten drunter die engagierte Literatur, welche Zustände anprangern und gelegentlich qua Poesie die erblindete Menschheit wieder sehend machen und ihr eine bessere und also lichte Zukunft zuweisen wollte. Jene beiden Richtungen – die engagierten und die desengagierten – bekämpften einander, bis sie sich, weil keine die andere zum Verschwinden bringen konnte, arrangierten und einander unwirsch neben sich duldeten.

Damals wurden in Wien zwei Zeitschriften gegründet. Zuerst entstand das *Wespennest*, dann die *Hundsblume*. Letztere wollte zwischen diesen beiden Richtungen fluoreszieren. Doch auch wenn wir genau hinhören wollten, wir vernahmen nichts von einer dritten Gruppe. Es war ganz still um die ins Exil gejagten Autor(inn)en. Die schrieben zwar noch und versuchten sich auch vernehmlich zu machen, doch unsereiner hier hatte andere Sorgen: Die *Gruppe 47* wollte die Exilleute nicht so recht wieder aufkommen lassen. Hans W. Richter und Kollegen wollten sich lieber ihre eigene Nachkriegswelt erschaffen und beworten.

Die älteren österreichischen Autor(inn)en machten in den Fünfzigerjahren einfach weiter, wo sie in den Dreißigern aufgehört hatten. Sie tilgten noch rasch die völkischen und judenverachtenden Passagen, welche in den schaurig-wilden Vierzigerjahren ihre Werke verschönten. Erst der *Wiener Gruppe* gelang es, die Herrschaft der alten Herren und der Herrenreiter zu brechen. Vorbei war es mit den Standarten, den Feuersäulen, den großen Stürmen, den Tagen der Erfüllung, den Inseln der Helden und so fort. Aber weder die Alten noch die Neuen, weder der realistische Gigl noch der avantgardistische Gogl hatten mit den Exilanten, ihrer verklungenen Sprache und ihrem verklungenen Leben etwas am Hut. Von Ausnahmen und den an den Rand gedrängten paar literarischen Außenseitern abgesehen.

Doch die Vergangenheit untertunnelte unser schönes Alpenland und brach mit Vehemenz als eingetrocknete Blutsuppe aus den Almböden, tropfte aus den Ventilen der neuen Kraftwerke und rumorte in den Großstadtkellern. Von den jüngeren Autor(inn)en waren es die Engagierten, die schon wegen ihrer ideologischen Maserungen ein gewisses Interesse an jener Vergangenheit und daher auch an deren Zeitgenossen zu bekunden begannen. Das formale Problem, das Problem jeder Kunst konnte aber nicht weiter hineingetrieben werden ins Gegenwärtige: Wie finden sich also die Vergangenheiten in der Moderne wieder, und wie spricht sich das Unaussprechliche im Allzuaussprechlichen aus?

3

Derselbe Konstantin Kaiser, der mit uns 1970 die *Hundsblume* mitbegründete, die bereits 1972 entschlief, war im Orwelljahr 1984 Mitbegründer der Zeitschrift *Mit der Ziehharmonika*. Kaiser kommt aus einer strikt sozialdemokratisch-antifaschistisch-tirolerischen Familie. In der Bibliothek daheim fanden sich auch jene Autor(inn)en, deren Stimmen man kaum vernahm. Mir selbst waren die verjagten Schriftsteller(innen) nur insoweit geläufig, als sie Kommunist(inn)en oder wenigstens linke Sozialdemokrat(inn)en waren, denn ich komme aus einer kommunistischen Familie. Doch erst die Veröffentlichung der *Verbrannten Dichter* durch Jürgen Serke machte mich und viele mit der ganzen Bandbreite dieses Teils der Literatur bekannt.

Am Schnittpunkt allerdings von Exil und Lager, Tradition und Avantgarde steht für mich ein Dichter, der künftig an der inneren Geädertheit des Gegenwärtigen durch all das Vergangene wirkte: Paul Celan aus Czernowitz. Sein *Verbracht ins Gelände mit der untrüglichen Spur*, verbunden mit Kramers *Die Wahrheit ist, man hat mir nichts getan*, gab nicht nur mir, sondern auch einer neuen Generation von Empfangenden und Schreibenden die Impulse.

4

Die Theodor Kramer Gesellschaft versucht etwas, was eigentlich ein schiefes Licht auf uns alle wirft: die Exildichtung zu rehabilitieren. Es fehlte nicht an Versuchen, sie zu relativieren, sie mit freundlichem Gebaren ins Vergangene und Vergessene abzunicken. Für die Zeitgenossenschaft sei sie nicht maßgeblich.

Die Zeitung der TKG veröffentlichte aber unentwegt Texte von bekannten, vor allem aber vergessenen Autor(inn)en des Exils, und nicht alle diese Texte sind große Literatur. Ins Exil verscheucht zu werden ist kein hinreichendes Qualitätsmerkmal für literarisches Schreiben, das ist schon wahr. Doch es sind nicht nur die weniger Begabten, es wären nahezu alle Exilierten dem Vergessen anverwandelt worden, wenn nicht die Gegenkräfte nun sehr energisch begonnen hätten, möglichst alle dem Vergessen zu entreißen.

In einem unterscheiden sich allerdings die Texte der minderbegabten Exilierten von denen der anderen zeitgleichen oder späteren minderbegabten Schriftsteller(inn)en. Jene legen in jedem Fall Zeugnis davon ab, was Menschen Menschen angetan haben, indes diese gelegentlich Zeugnis davon ablegen, was Menschen der Literatur antun.

Jene sind die Gepäckstücke der Heimat, unausgepackt in den Ländern des Exils, mit dünnem Wortzwirn verschnürt.

5

Bleibt nachzutragen die äußere Geschichte des Geschwisterpaars. Er ist jetzt gestorben; seine Kinder und Enkel stehen ratlos vor seinem Nachlass. Sie geben ihn der Schwester. Sie packt die Hefte zusammen und verstaut sie in London in der Kommode. Drüber die Fotos der Eltern, der Großmutter, drüber eine Wanduhr ohne Kuckuck. Und doch werden wir diese Texte zu lesen bekommen.
Alles Gute der *Zwischenwelt* und der Theodor Kramer Gesellschaft. Glückwunsch und Dank.

RASENDER STILLSTAND

DAS CAFÉ BRÄUNERHOF IN WIEN

Wer in Wien ins Kaffeehaus geht, der geht heim. Ich habe zwar daheim kein Kaffeehaus als Zuhause, aber im Kaffeehaus bin ich selbstverständlich daheim. Wenn wir unser Kaffeehaus betreten, sind wir im Selbstverständlichen eingewohnt.

Das Café Bräunerhof ist ein Ort, in welchem die Zeit aufbewahrt wird. Es ist alles wie immer. Echter Marmor, stabile Tische, Plüsch, Zeitungen, Ober im Smoking, das Glas Wasser zum Kaffee, und in der Mitte des Etablissements befindet sich jene Vorrichtung, in der die Zeit gestapelt, gepackt und schließlich vernichtet wird.

Allerlei Leute wohnen im Bräunerhof. Sie sitzen, nachdem sie erschienen sind, um die Tische, lesen Zeitungen, essen süßes Zeug, das in Wien so bitterlich herrlich schmeckt, nippen an den diversen Kaffeearten, großer Brauner, Melange, Einspänner, Kapuziner, Schale Gold, Mokka, Verlängerter, also sieben Kaffees, bis die Schalen leer sind. Gelegentlich werfen die Passagiere dieses Ruheschiffes ihre vom Zigarettenrauch gegerbten Köpfe in die jeweiligen Nackenhäfen und lächeln, denn laute Kundgebungen von Heiterkeit gehören ins Wirtshaus oder nach Preußen.

Der Ober Ferdinand mit slawischem Akzent begrüßte mich jedes Mal unauffällig, wies mir den Platz zu und brachte mir die Melange. Groß gewachsen, weißhaarig, ein Wiener Kellner aus der Vojvodina, wie es sich gehört. Er war allerdings für Wiener Verhältnisse ungewöhnlich freundlich, kein Charakterlakai, wie sonst notorisch hier. Ich nahm mein Heft heraus und schrieb Folgendes:

Er bog ab und ging südlich weiter, hinauf zur Rotenturmstraße, überquerte den Stephansplatz. Ecke Graben kam ihm Wilma entgegen. Er küsste sie auf die Wange. Sie schaute ihn an, wollte was fragen. »Wohin des Weges?«, fragte er.
»Ich glaub, ich geh heim. Und du?«
»Bräunerhof. Deutsche Zeitungen lesen.«
Wilma blickte auf die Uhr: »Eine halbe Stunde.«
»Fein«, sagte Demant. »Die Süddeutsche kann warten.« Vor der Dorotheergasse blieb Wilma abrupt stehen. »Ich geh doch lieber heim.« Sie küsste ihn jetzt rasch auf die Wange, ging zum Stephansplatz zurück. Demant zuckte die Achseln, marschierte am Hawelka vorbei, blieb vor der Casanovabar stehen, um die Fotografien der Nackten zu betrachten.
Im Bräunerhof bestellte er sich einen großen Mokka und suchte dann die Süddeutsche.
»Ist in der Hand«, sagte der Ober Ferdinand. Demant holte sich also die Frankfurter Allgemeine und begann zu lesen. Er las und las und war gar nicht dabei. Seine Gedanken schwebten über den Zeilen, hielten sich aber noch zwischen der Zeitung und seinen Augen. Nach einer Viertelstunde aber flogen sie davon.
Also schrieb ich lustig dahin, dass die Schwarten krachten, bosselte den werdenden Roman GEBÜRTIG. Angenehm klapperte mir hiebei die Kaffeehausoper Bräunerhof in die Ohren hinein, sodass ich mich ganz gut auf den Text konzentrieren konnte, den ich mir halt Tag für Tag aus den Untiefen meiner Literatenseele fischte. Wenn man so ein Wort ans andere reiht und immer so fort macht, passierts, dass man den Kopf gelegentlich hebt, und der Blick geht weg von der Schrift und hin in die Umgebung.
Ich schaute also angelegentlich durch das Gastgesindel durch

auf die Tapeten, zum Plüsch, folgte dem Ferdinand bei seinen bemühten und willkürlichen Anmärschen zum Publikum und von ihm weg zur Kassa, bis dieser arrogante, gleichsam gleichgültig-abwesende Blick an den Mundwinkeln eines spöttisch zu mir herlächelnden Zeitgenossen hängen blieb.

Der Textsalat aus meinem Schädel, der sich eben anschickte, via Hand sich ins Schreibheft zu verfügen, fiel in sich zusammen, obwohl ich augenblicklich die Augen gesenkt hatte. Nach einigen Herztakten wiederholte ich den Blick, dessen Arroganz sich unversehens in Ehrfurcht verwandelte. Der Zeitgenosse bemerkte, dass ich bemerkte, wie er mich gemustert hatte, neigte seinen Kopf, als ob er ein zweifelnd-zustimmendes Nicken andeuten wollte, und zog ihn hinter die Zeitung zurück, sodass ich einen Mann hinter der Zeitung vor mir hatte.

Einige Wochen saß also immer wieder einmal Thomas Bernhard im Café Bräunerhof und gab dem ihm unbekannten Drauflosschreiber seine ironische Zustimmung in dieser Art: Was wird schon herauskommen? Pofel! Aber besser Schreiben als Nasenbohren & Dummschwätzen, wie hierzulande üblich.

So nahm ichs und schrieb unverdrossen, und auch beim Schreiben ist die Zeit wie eingerollt und geparkt im eigenen Schreibatem. Als ich hernach endlich fertig war jedes Mal, stürzte der Tag zurück und mitten ins Gesicht; ich zahlte beim Ferdinand, nachdem ich mir mit der Serviette das Schweigmaul abgewischt hatte, und verließ das Café; Thomas Bernhard war schon längere Zeit nicht mehr hier gewesen, sondern in Spanien, dann kam er zurück und starb. Dies war dem Bräunerhof ebenso gleichgültig wie das Fertigwerden meines Romans.

Viele Jahre war ich hernach nicht mehr dort. In Wien ists egal, wohin ich nachhaus geh, einmal dahin, einmal dorthin.

Heute gehe ich wieder ins Bräunerhof. Es ist alles wie immer. Der Ober weist mir den Platz zu.

»Wo ist der Herr Ferdinand?«

»Gestorben. Vor fünf Jahren.«

»Eine Melange.«

»Bittä sähr.«

Keine Veränderung. Rasender Stillstand.

ÜBER DIE FIGUR

EINLEITUNG

Was veranlasst jemanden, sich hinzusetzen und monatelang, jahrelang, Jahrzehnte oder auch im Halbjahrestakt einen Roman zu schreiben? Diese Frage ist zwar notorisch, seitdem Romane geschrieben werden, doch bekommen sie für den eine aufdringliche Aktualität, der selbst einst anhob, so etwas zu verfassen. Ich bin einer, der nach vierzehnjähriger Pause sich seltsamerweise entschlossen hat, den damals begonnenen Roman DER KALTE fortzusetzen. Ich schrieb im Feber, und zwar am *13. Feber 2010*, einfach dort weiter, wo ich am 9. Feber 1996 aufgehört hatte. Schon die Wochen davor war ich zugleich tollkühn und verzagt, denn ich wollte wie einst Richard Wagner eine Naht zustande bringen, also nicht von vorn anfangen, Handlung, Figuren neu überdenken, in einen Neustartfuror verfallen, sondern so tun, als seien vierzehn Jahre so wenig wie für Wagner seine zwölf. An seinem Todestag begann ich weiterzuschreiben. Das war Zufall, und der ganze Wagner hat für mein Romanprojekt keine Bedeutung, hoffe ich. Doch die Wagnernaht sollte gelingen.

Die Figuren meines Romanprojekts DER KALTE lagen vierzehn Jahre darnieder, dennoch scheinen sie allesamt im Speicher überdauert zu haben, denn als ich wiederum zu schreiben begann, waren sie lebendig in mir und begannen alsogleich mit ihrer Arbeit. Figuren in Romanen arbeiten nämlich mit, arbeiten vor, adjustieren, sie korrigieren, die meinigen stehen vor meiner Schreibseele und benutzen sie als Spiegel, sie drehen sich davor.

Aber wehe, ich beginne sie zu tyrannisieren, schon machen sie ojemine und werden Papier.

Was sind Figuren in einem Roman, was für ein Geheimnis zeigt sich von lächerlicher und banaler Seite und scheint undurchdringlich zugleich? Wie hängt das Figurenvolk mit dem Autor zusammen? Spielt er Karten aus, jede eine Figur, und sie werden auf den Erzählboden geworfen, stechen oder werden gestochen? Wodurch unterscheiden sie sich? Wie viel Autor ist Figur? Und wie viel Figur ist Autor? Schreibt sich der Dichter selbst ab? Entwirft er einen Traumentwurf von sich? Die gesammelten ungelebten Leidenschaften, Liebschaften, Machenschaften, die er nicht wagt, strukturieren die die Figur und machen sie schweinebüchen oder stahlhart oder mainstreamig? Diktiert der Autor der Figur, was zu tun sei? Zieht die Figur den Autor ins Verhängnis?

Es gibt Autoren sonder Zahl, die sitzen am Schreibtisch, wiegen den Kopf und fragen sich, worüber schreib ich denn heute oder überhaupt? Den Roman über den Krieg hab ich abgeliefert, schreiben wir jetzt einen über eine Fabrikantentochter oder doch besser ein Queerdrama, aber im Ländlichen.

Andere wollen so gern einmal über dies, einmal von jenem schreiben. Was immer sie beginnen, es kommt dasselbe Thema heraus, Erlösung zum Beispiel oder Liebesblödigkeit.

Ich tendiere dazu, ohne dass es sich um ein Gesetz handelt, anzunehmen, dass bei den authentischen Künstlern das Thema den Künstler aussucht.

1 DIE FIGUR UND IHR SCHATTEN

Literarische Figuren werfen keine Schatten. Nicht nur Schlemihl wirft ihn nicht, die Gestaltenwelt hat keine tief stehende Sonne zu Gebot. Letztlich besteht Falstaff aus acht Buchstaben und Millionen einander ähnelnden Bildern in Millionen Köpfen. Aha, jaso, nun gut. Das ist also des Peter Schlemihls wahre Funktion. Das Echte verkauft sich ans Literarische, der wirkliche Schlemihl verkauft seinen Schatten und existiert weiter und wird unsterblich als Buchstabenkörper, durch den Gottes Sonne durchscheint, wie sie will.

Wirft Raskolnikoff wirklich keinen Schatten? Wir alle haben ihn doch schon gespürt, wir alle sind mitten im Schatten gekauert, den Josef K. geworfen hat und wirft. Welche Quelle lässt die Figur Schatten werfen? Die literarische Figur trägt die Sonne in sich. Jede für sich ist ein Fixstern, umhüllt von der Gestalt, sodass als Krone, als Aura ihr Schlagschatten uns treffen muss, zu treffen hat, die Leser(innen) durchwalkt, indes die Buchstaben sich in ein Bild im Kopf verwandeln, die Tathandlungen der Figuren das Blut in unseren Bahnen befeuern, erfrieren lassen etc.

Die Wirkungsgeschichte von Literatur basiert auf den Abschattungen von Wirklichkeiten, die uns an die Grenzen bringen, wo Licht und die saure Luft des Lebens sich mit den Träumen, den Bildern und den Gedankenchorälen verbinden, den Ur- und Alltagsgefühlen, aber an dieser Grenze implodiert das Allgemeinmenschliche, so kommt es mir vor.

Der Schatten der Figur, das ist das Ganze, welches aus dem Einzelnen und Speziellen herausgestanzt werde.

2 ELEND UND FREIHEIT DER FIGUR

Vornübergebückt vor dem Laptop und ein herzerfrischendes Drauflosschreiben, denn die Nerven liegen verschmiegt und wohlig warm im Fett und in den Bahnen, es fließt da, es fließt dort, es strömt. Hänsel und Gretel kommen aus dem Wortsalat herausgesprungen, werden, kaum sind sie da, bissl bepunktet, eingestrichelt, blondes Gretelhaar, spannenlanger Hansl und so fort, und schon eilen die Figuren auf dem Pfad, den vornübergebückt vor dem Laptop wir ins Zukunftsgestrüpp schlagen. Unter Zukunft ist der nächste Moment gemeint, den wir unentwegt betreten. Schon queren andere Figuren, schon begibt sich ...
Und tun, was sie wollen, wir japsen hinterher, ein Einfall jagt den nächsten, bis wir jäh gewahr werden, dass ein Einfall den nächsten verjagt. Hänsel läuft auf dem Laufband und kommt nicht voran, Gretel kämmt ihr Haar, in welchem ständig wie Läuse andere Figuren herausschauen und sich räuspern; nicht da, nicht fort. Innehalten. Was war denn das?
Es gibt ein automatisches Schreiben, und es hat auch seine gewisse Karriere in der Literaturgeschichte gemacht. Die Freiheit, an der sich allerdings hiebei die Figur erfreut, ist nicht von der Figur selbst erkämpft worden, sondern die Figur ist schon frei geboren, eine Partnerin der Autorin, ob sie dabei ihr auf der Nase herumhüpft oder vor sich hin grundelt.
In den Unverbindlichkeiten, den Maßlosigkeiten oder, aufs Gehirn bezogen, in den Assoziationen, im Durchdeklinieren der Möglichkeiten liegt das große Elend zuhauf, und es funkelt in beliebigen Farben, es durchschnörkselt alle Richtungen oder hat einen robusten, dicken Vektor, wenn es doch in eine ungefähre Richtung mag. Was kommt, kommt.

Oder ich entwerfe die Figur davor. Ich verfasse eine Biographie, entwickle aus dem Stammbaum und den Örtlichkeiten der Herkunft Segmente des Typischen, ersinne, wie Onkel, Neffe, Nichte und Cousin sich aus dem Einheitsstall der Familie individualisieren, obwohl ich ja bloß den Bruder all derer wirklich als Figur benötige, und den auch erst ab seinem zweiundvierzigsten Lebensjahr. Ehen waren ihm bereits verklungen, ein Kind gestorben, zwei Ausbildungen abgebrochen, viereinhalb große Liebesgeschichten liegen an seinem persönlichen Rübenacker, da ist er, geschniegelt gleichermaßen wie verrotzt, und nun trete er auf in meinem Text. Kaum macht er ein paar Schritte und sagt was, muss ich als Autor innehalten: Das geht ja nicht, denn wenn sein Vater ... oder wenn ihm grad die Frau davon ... so kann er nicht reden. Die durchgeplante Figur steht da und dementiert sich in einem fort, oder ich muss, nachdem sie den Schnabel aufgemacht hat, Teile seiner dem Leser verborgenen Biographie ändern. Vom Fließen des Textes und der Freiheit der Figur ist keine Rede, alle Musik der Prosa, alle Rhythmisierung in den Satzfolgen, in der Vokalkomposition wird übertönt vom Papiergeraschel der von Kopf bis Fuß solide ausgestatteten Figur. Was denn nun? Freiheit der Figur an der langen Leine ihres Schöpfers? Womöglich das. Die lange Leine, das ist die Mischung aus Fließen und Planen. Eine Balance finden zwischen dem Bauplan des Romans und den spontanen Entschließungen der Figuren, die aus dem Bauplan erwachsen.

Theaterdirektor Schönn muss nach dem Unfall von Felix Dauendin, dem Star seines Theaters, die Premiere auf nächste Saison verschieben. Der Autor Schindel wünschte sich nun, dass Schönn den in Hamburg lebenden Peter Adel kurzfristig nach Wien engagiert, damit der hier im Frühling 1986 den EINSA-

MEN WEG von Arthur Schnitzler inszeniert. Schindel wünschte sich das aus zwei Gründen: erstens kann er Adel nach GEBÜRTIG nun auch im KALTEN einsetzen, zweitens kennt er das Stück von Schnitzler sehr gut und liebt es. Darüber hinaus kann Schönn hier den jungen Fraul mit der Rolle des Felix besetzen, den Herrn Wegratz, also Felix' Vater, mit Bonker, so wie er bei Macbeth Vater und Sohn auf die Art besetzt hatte, bevor der Unfall des Macbeth-Darstellers passierte. Bonker, der den King Duncan gegeben hätte, war extra aus seinem Ruhestand geholt worden. Jetzt ist er schon da und kann eben einen anderen Vater spielen. Es ging nicht. Die Figur Schönn weigerte sich. Ich bin Dietger Schönn, flüsterte er auf der Autorenmatratze dem Autor zu, nie und nimmer inszeniere ich an der Burg in den beginnenden Präsidentschaftswahlkampf einen Schnitzler. Wissen Sie, Robert, was ich tu? Ich fahr nach Unterach zum Skandalautor und Übertreibungskünstler Raimund Muthesius und heck mit ihm etwas aus. Er soll eine zünftige Österreichbeschreibung in einem Auftragsstück abliefern, die sich gewaschen hat. Das ist es, was ich tu, und nicht Schnitzler spielen. Oder willst du mich zwingen? Klar will ich dich zwingen, Dietger, sagt Schindel der Figur. Ich hab keine Lust, alle damaligen Stücke von Thomas Bernhard nochmals durchzunehmen. Einsamer Weg, es bleibt dabei.

Und so schrieb ich es. Aber Schönn, gar nicht unwillig, verlor sein Leben. Er begann zu rascheln, er wurde ganz und gar Papier. Er tat, was ich wollte, und aus wars mit ihm und mit mir. Es ging nicht.

Also fuhr Schönn nach Unterach, es begann wieder zu fließen, und er führte sich auf in der Wiener Gesellschaft, wie es seinem Temperament und meiner Absicht entsprach.

Das Wichtigste also ists, die Figur am Leben zu erhalten und doch sein eignes Ding zu schultern und durch die Erzählzeit zu tragen. Am Ende sind wir alle fertig und selig, wenns gelang.

3 DAS ENDEN DER FIGUR IN DER WAHLVERWANDTSCHAFT

Was ich alles nicht bin. Was ich alles nicht kann. Der Sonne laufen sie entgegen, ich stecke im Fenster fest. Schreiben, was unmöglich ist zu leben. Schreiben, nicht um davon zu leben, sondern um sich daran zu hindern (Adolf Muschg).
Doch wer ist die Figur, die ich nicht bin und doch: Ist sie komplementär, supplementär, verdoppelt, verstärkt, oppositionell? Muss sie mit mir zu tun haben, oder kann ich sie aus andersstämmigen Materialien schnitzen, formen, hauchen? Wie immer der Autor die Figur anlegt, am Ende ist sie eine Vertraute. Sie kommt einem deshalb allerdings so nahe, weil sie nie fern war, auch wenn wir das glaubten. Sie war immer schon eine Wahlverwandte. Das Leben der Figur gleicht einem Kreis, einer Ellipse, einer ausgefransten oder gebauchten, verstülpten Rundung. Sie wird, was sie ist, Bein und Fleisch des Schöpfers.
Eine reale Person wird beobachtet. Sie zeichnet sich innerhalb des Augenrunds ein, ich beobachte nicht alles an ihr, ich beobachte die Dinge von Belang, aber von Belang sind die Dinge, die mit mir einen Bund haben, ob ich davon weiß oder nicht. Ich suche aus, jene Bewegung übersehe ich, diese wird mir unvergesslich, weil die hätte ich nicht für möglich gehalten. Meine Auswahl fand den Ursprung im Vorbewussten, der genaue Blick

wurzelt im eigenen Unbewussten gar, Ausblendungen erfolgen wie der Widerhall von Verdrängtem, Verstärkungen und Vergrößerungen kommen aus dem Sehn- und Fühlmaterial der Wünsche. Aus den Traumbeständen, vor allen den vergessenen, kommen die Auren, das Setting.

Wir sind Verwandte, ich Steinbruch, du Stein. Aber nicht so von Ich auf Du, simpel, autobiographisch, nicht bloß ein auf ja und nein herausgeschlagner Stein vom Bruch. Der Stein ist beschmiert und beschmutzt von Fremdlegierungen, zersprengselt von einhergeflogenen Mutterkornen, Samenschlangen, Schlammpackungen. Zeit und Durst, Lust und Sinter haben den Stein verbissen, sodass Äderungen hervortreten. Er rollt die Böschung der Erzählung hinab, unkenntlich dem Bruch, der hinterm Waldgrund verschwindet. Und doch sind sie von seinem Material und nur von seinem, im Erz, im Kern, im Bedeutsamen.

Die gesammelte Wahlverwandtschaft, Gefangenenchor der Eigenfiguren, singt das Lied, das wir Roman nennen, oder Erzählung oder Stück oder Skript. Sie singen stets im Innersten das Lied von der Freiheit, Unabhängigkeit, Authentizität, und in diesem Lied singen sich die Autor(inn)en mit, im Oberton, in der Atemluft.

4 DEPERSONALISIERUNG, SCHWANZFLOSSE DER MODERNE

Aber ist nicht die Figur veraltet? In der Schwanzflosse der Moderne reiste zu lange das Überindividuelle mit. Nach dem Untergang der platzgreifenden und blutsaufenden Ideologien des letzten Jahrhunderts steht das ICH nun da, in den *Hemdsärmeln der Freiheit*, und fragt sich zum letzten Mal, wer bin ich, woher komme ich, wohin gehe ich?

Diese Fragen sind – so scheint es – obsolet. Ein ICH ist so gut wie das andere, die Art der Depersonalisierung, das ists, was jetzt interessiert. Die Dekonstruktion hat zwar den Innenraum der Schwanzflosse im zeitgenössischen Raumschiff ausreichend dekoriert, aber sie ist längst nicht mehr das, was sie war. Was sollen wir denn auch nach der Dekonstruktion ganzer Völkerschaften, nach der wahrhaftigen Depersonalisierung von Millionen Persönlichkeiten und ihrer Verarbeitung zu Asche und Rauch noch groß eine personenbezogene Kunst haben wollen? Person sitzt im Körper, es tönt mit altem Klang aus der alten Maske, das ist etwas zum Regiertwerden, die Kunst muss woanders implodieren, wenn sie modern sein will.

Was aber kann das sein? Das weiß ich nicht, und es ist dennoch in der Figurenwelt das Thema nicht. Warum ist es bei manchen eine Unverschämtheit, wenn sie ICH sagen? Was ist geschehen? Josef K. ist überall?

Immer wieder von Neuem den Ausgangspunkt kippen? Natürlich. Doch in der Schwanzflosse der Moderne kannst du das ICH tausendmal rauswerfen, zum tausendundersten Mal sitzt es wieder drin und sagt: Ich bins nicht, weil ichs bin.

Jede Zeitgenossenschaft muss diese Differenz in sich aufnehmen und tut es auch. Das Moderne selbst ist veraltet und der Drang, jenseits der Sachverhalte sich modern einzurichten, antiquiert, bevor etwas sich vollbringen kann. Wenn etwas in der Kunst nicht umzubringen ist, dann der Mensch in seinem Wahn. Und zersprungen, wie er geht und vergeht, führt er sein Ich-Ding mit sich, und aus diesem geigt die Figur, ob gehört oder nicht. Deswegen führt die figurenlose, no-narrative Literatur in ihrer Unverschämtheit, nicht ich zu sagen, schlankweg ins ICH und unentwegt zu den Scherben, um im Konzeptionellen sich zu meinen und nichts sonst. In den Anordnungen, in den Textsystemen riecht es nur so nach vertilgten Erzählungen. Dieser Ruch – als Aura, als Markung, als Signum übersetzt – lässt das Autoren-Ich strotzen. In der Raserei des Originellen triumphiert das Antiquariat, weil sie das Zeitgenössische für ein Instrument hält, mit dem man endlich eine eigengesetzliche Beliebigkeit generieren kann.

Von Joyce nach Herta Müller ist es weit, von Dada zur Wiener Gruppe, das ist ein Katzensprung. Doch die Wegzählung ist unsinnig, wenn man sich nicht in der Schwanzflosse der jeweiligen Moderne einrichten will. Denn außerhalb derselben ists ein Katzensprung von Homer bis heute. Die Schwingungen, die Witterungen fürs Aktuelle, die Moden also im verschliffenen und eingesteinten Sinn, sind immer von der Zeitgenossenschaft beleuchtet und abgeschattet, aufgerufen und gespeichert. Und brechen sie.

Alles versintert, was geschrieben ward, aber einiges kann man lesen in alle Zeit hinein, das bleibt eben. Es gibt Leute, die sagen, von der Musik bleibt die Melodie, von der bildenden Kunst die Gestalt, von der Literatur die Erzählung. Der Blick in die jeweiligen Geschichten widerlegt diese Ansicht nicht.

5 DIE EKLIPTIK DER FIGUR

Wie neigt sich die Figur zum Gewusel der Welt? Wie weit reicht ihr Schatten, wo sind die Grenzen ihres Belangs? Erzähle ich aus dem Zentrum, ein ICH durchwächst das Geschehen, begleitet es, bestimmt es, durchherrscht es? Ein ER/SIE, aber aus der Ich-Perspektive, also von seiner/ihrer Hüfte aus oder auf der Schulter sitzend, da muss die Figur allerdings schleppen. Oder von oben, allwissend? Unentschiedene Autorinnen nehmen auch noch das DU als Figurenpersönlichkeit, nun gut.

In meinem Roman DER KALTE erzählen mehrere ICH, und zwar immer dann, wenn einer der drei Mitglieder der Familie Fraul vorkommt und von denen her erzählt wird. Die Frauls selbst sind immer in der dritten Person, und ich mag über ihnen schweben und sie bewachen, damit sie mir nicht vor der Zeit wegbrechen, vor allem Rosa Fraul, also die Mutter von Karl und Ehefrau von Edmund, ist in ständiger Gefahr zu versterben.

Aus der Ich-Perspektive sind wir gezwungen, drin sitzen zu bleiben in der Figur, wir können uns schlecht zugleich von außen beschreiben, wir bestehen aus den Tathandlungen. Die Ich-Figur lebt durch das, was sie tut, nicht durch das, was sie oder ich als Autor von ihr behaupte. Das kann sie auch egoman machen und verführt vor allem zu erzählerischer Ungerechtigkeit. Viele reine Opfer sind Ich-Figuren. In der dritten Person, aus ihrer Perspektive kann ich gerechter sein, aber die Gefahr ist groß, dass ich zu viel erkläre, dass ich mich ständig hineinmische, der Figur nicht nur an der Hüfte oder an der Schulter hocke, sondern am Kopf. Ihr Schädel wird zu meinem Erklärhintern. Noch mehr droht das, wenn ich darüber schwebe; andrerseits kann ich hier am besten die Figuren durch das Geschehen bewegen, es entsteht der Pfad, unmittelbar bevor die Figur den Schritt darauf zu macht. Andere Perspektiven lasse ich außer Acht, aus der Sicht WIR, MAN, eines Toten etc. Mir kommt es vor, als ob eine Figur nicht durch das lebt, was sie sagt, sondern in dem, was sie tut. Aber das sind Behauptungen. Mir wird die Figur lebendig, wenn sie sich bewegt, schaut, geht, kämpft, schweigt etc., und ich bin auf Beobachtungsposten einerseits und zugleich der Wachmann vor der Figur, der gelegentlich stopp zeigt oder in Richtungen einweist.

Zwei Personen unterhalten sich in einem Zimmer, eine dritte ist auch da und schweigt. Wie gelingt es, alle drei am Leben zu erhalten? Oder wie es jemand gesagt hat – war es Hammett? –, eine Figur am Leben zu erhalten ist, als suchte man in einem schwarzen Zimmer nach einem schwarzen Hut, der nicht da ist. Deshalb sind lebendige Figuren in der Literatur nicht allzu häufig, und seligst jede Autorin, wenn ihr dies gelingt.

Wenn der Neigungswinkel noch angefüllt ist mit purem Dasein, Widersprüchen, Entwicklungen und in ihm jeweils die Lichter des eigenen, des Lesers Leben aufblitzen und Schattenspiele erzeugen, weil in jeder lebendigen Figur ein totalisierendes Moment an den Existenzachsen wirkt und wir uns in ihr spiegeln mögen oder sie jedenfalls mit Seelenfasern umwickeln müssen bei der Begleitung durch unsere eigenen und fremden, nahen und fernen Sachverhalte, dann werden sie zu Familienangehörigen im durchaus auch prekären Sinne. Wie hätte sonst Goethe schon damals bei der Lektüre eines alten chinesischen Romans sagen können: Das kommt mir so bekannt vor.

Es kommt halt darauf an, ob die Figur ein Emblem des Allgemeinmenschlichen in sich trägt oder bloß ein Ornament.

SCHLUSSBEMERKUNG

Wohin geht die Reise meiner Figuren? Überallhin. Nirgendwohin. Von innen nach außen. Nach Bilgoray, Orplid, Block 12, Kamtschatka, aus dem Gesternland ins Immerzu mit der Hymne Trotzalledem, mit dem Streichquartett als Duettino.

Wer übersetzt die Machenschaften, die Wünsche, die Maßlosigkeiten, die Narreteien des Autors RS in seine Figuren durch Sprache? Welche kalte Hand lässt Gestalten an Schnüren, die um die Fingerkuppen gewickelt, hinterm Paravent tanzen? Charon, allgütiger Freund, Fährmann auf dem Fluss des Vergessens, sitzt du mir im Genick, paddelst du meine Hirnflüssigkeit zur Gischt, Weltenlenker, der seine Kraft an einem einzigen Autor aufbraucht?

Einem einzigen Autor? Obwohl ich doch allein vor dem Laptop sitze, bin ich zugleich mitten drin im Schweigeverein der vom Fährmann Gespeisten. Wir alle, die einen mehr, wenige gar nicht, übersetzen von hier nach da, von innen nach außen, vom Ich zum Anderen. Manche müssen rückübersetzen, wie schon gezeigt von drüben nach hüben. Solche wie Celan, Tišma, Hilsenrath, Levi, Nelly Sachs, aber auch die Vorläufigen, Kafka vor allen, die Else Lasker-Schüler und Heinesheine.

Er, der Fährmann, sitzt nicht bloß im Zentrum der Figuren und richtet von da die inneren Sonnen zum Firmament, er flattert auch im Saum der Gewandungen. Er hört.

NICHT LANG GENUG GESTORBEN

SCHILLERRING 2005
LAUDATIO AUF CHRISTOPH MECKEL

Nicht lang genug gestorben, nicht tief genug
im Moder versenkt

und noch immer das Ohr leer von Erde ...

Christoph Meckel

1

Ich bin soeben damit beschäftigt, in der Schlusszeile meines neuen Gedichtes einen affektierten Schnörkel anzubringen, der das ganze Gedicht ruinieren wird – da läutet es an der Eingangstür. Draußen steht einer, ergreift meine Rechte und beginnt sie auf und ab zu pumpen. Zwischen den Zähnen stößt er immer wieder den Satz hervor: »Gratuliere zum sechzigsten Jahrestag der Befreiung.« Dann lässt er meine Hand los, verreißt seinen Körper um neunzig Grad und enteilt. Ich spüre von unten Freude in mir aufsteigen, ich will ihm hinterher, um – wenn ich ihn erreiche – seine Schultern zu packen und ihn zu drehen, damit er mir wieder gegenüber ist, stattdessen schließe ich die Tür und gehe in mein Zimmer zurück.

Der Schnörkel ist mir inzwischen entfallen, achselzuckend lass ich das Gedicht so stehen, und es ist damit zufrieden. Ich schalte den Fernsehapparat ein. Ein hagerer Mann gratuliert mir zum

sechzigsten Jahrestag der Befreiung. Ich drehe mich um, ob er womöglich jemanden hinter mir meint, hernach schreie ich den Mann an, er möge sich selbst gratulieren. Auf dem Weg ins Wirtshaus werde ich einige Mal aufgehalten, Menschen verneigen sich, hinter den Scheiben sehe ich Leute mich beobachten; schließlich reißen sie die Fenster auf und streuen Konfetti.
Im Wirtshaus will ich mit jedem Mundwinkel zugleich ein Glas Rotwein kippen. Die Gäste sind aufgesprungen, Gratulation zum sechzigsten Jahrestag des Zusammen... – der Befreiung.
Ein Mann sitzt mit dem Rücken zu mir und steht nicht auf, sondern er dreht sich lächelnd her, er hat einen weißen Schal um den Hals, und Christoph Meckel also sagt: »Ich kenn das.« –
»Ah so, wenn du das kennst – wieso gratulieren die sich nicht selbst?«
Ich wälze mich aus Christoph Meckels Texten und schaue auf. Was für Gebilde setzen seine Worte in meinem Kopf frei?

2

Ein Satz wird gesprochen, ein Name genannt, und die Zeit beginnt. Damit die Poesie also ihren Luftgeschäften nachgeht, frage ich mich, was dieser erste Satz von Meckels Poetikvorlesung mit mir anstellt.
Und gab der Frühe den ersten Atemzug / dreifach zurück heißt es im Gedicht KRAFT DES ATEMS. Da ist es wieder, dieses Erzeugen aus dem Vorhandenen, dieser sich selbst erzeugende Realismus, da sich die Welt im gefundenen Wort mit sich selbst

paart, ohne Frucht, ohne Zweck. Der Dichter, der dieses Wort findet, nüchtert sich aus in ihm, als er von der Welt trunken war. Die Klarheit, die Dinggenauigkeit macht mich süchtig, wenn ich Meckels Gedichte lese, die sich generieren und mich dazu, so dass ich zu einer Zeile wie: *Wir sind zu Haus / wo Gott sich das Leben nahm* die jüdische Totenklage einsprechen will mit unhebräischen Worten, mit Celansätzen wie: *Verbracht ins Gelände mit der untrüglichen Spur* – aber auch mit Sätzen wie: »Heil Hitler, ich bring die Mazzes!«, mit der damaligen Frage an einen jüdischen Exilierten in Paris: »Warum liest du den *Völkischen Beobachter* und nicht unseren *Aufbau*?« und der Antwort: »Ich will nicht wissen, wie arm und verfolgt, sondern wie mächtig und reich ich bin.«

Aber wie können einem bei einem Vers wie: *Wer könnte Platz nehmen / in der Gerechtigkeit* die Tränen kommen? Die sechs Millionen sind in der Wahrheit, das ist wahr, aber wer ist in der Gerechtigkeit?

Entschuldigen Sie, wenn ich so zerklüftet, fast abgelumpt mich dem Dichter Meckel nähere; es stürzen zu viele Schweinsgedanken mir vom Kopf in die schreibende Hand und wollen sich verknäulen, wälzen sich auf dem Lobesteppich, den ich Knoten für Knoten knüpfen will.

3

Sachte, sachte. Jetzt könnte ich vom Vaterbuch reden, von dem alle reden, und zu Recht. Ich könnte die Kunst preisen, wie dieser Vater gleichsam wie ein Naturwesen, wie ein Elf des badischen Landes im dortigen Wurzelwerk intarsiert ist und wie von ihm gleichzeitig eine Trostlosigkeit ausgeht, falls man sein widerständiger oder jüdischer Zeitgenosse war in den dann dunklen Zeiten.

»Die Tiefendimension des Antisemitismus«, sagt Detlev Claussen, »ist die Gleichgültigkeit gegenüber Tätern und Opfern.« In Ansehen der Gestalt Eberhard Meckel gibt es einen Antisemitismus, ohne ein einziges antijüdisches Wort zu sprechen.

Ich könnte vom SCHLAMMFANG sprechen, dieser Durchdringung einer menschenkontaminierten Landschaft mit Geschichtsplunder. Ein Namenloser – und das will was heißen – schreitet etwas ab, was gut und ungern unsere Zukunftslandschaft sein kann. Die innere Landschaft von uns Vorläufigen gleicht nicht wenig dieser Geschichtshalde, auf der einer Hausmeister sein soll.

Von der Poetikvorlesung könnte ich sprechen. Meckels Gespräch mit dem mittelalterlichen Dichter Cecco Angioleri enthält sehr vieles, was heute von der Poesie – und nicht nur von ihr – gesagt werden kann.

Sein Buch DICHTER UND ANDERE GESELLEN zeigt uns, wie gut aufgehoben ein Dichter, ein von ihm beschriebener Mensch ist, und sei's ein Bauer wie Mathieu im Roman EIN UNBEKANNTER MENSCH. Wenn ich jetzt in dieser Manier weitermache, kommen wir zu keinem Ende. Die Publikationsliste ist lang, die Werke allesamt auf hohem Niveau. Sachte, sachte.

Diese unbändige Zeitgenossenschaft, diese Samenkornausstreubewegung, das Lächeln, das er einem dummen Berg abgewinnen kann, die Authentizität seiner Zeugenschaft in der Dichtung, das bewirkt es womöglich, weshalb, wo immer ich Texte von ihm lese, ich einen Rippenstoß verspüre: Was klapperst du mit den Augen, spür dich selbst später, schau hin! Schau und sieh, was der Fall ist!

Die Bilder, die Naturdinge, der Plunder verwandeln sich in Wörter, diese formieren sich und einander und erzeugen die Bilder in uns, und wir sinds in den Bildern. Diese Vorgänge sind genuin poetisch, und Meckel ist dieser Poet.

4

Ich kenne Christoph seit einigen Jahren auch persönlich. Leider treffen wir einander bloß bei den Herbsttagungen der Darmstädter Akademie, einmal aber – unvergessen – sahen wir uns auch in Freiburg. Jetzt sind Leute wie ich – jüdische Leute – im Gespräch mit linken Deutschen immer etwas vorsichtig. Mit den übrigen sowieso. In den Debatten um den ersten Irakkrieg hatten wir gewisse Erfahrungen gemacht mit Losungen wie »Kein Blut für Öl!« bis »Kauft keine israelischen Waren!«

Aber bereits bei unserem ersten Gespräch lehnte ich mich entspannt zurück, und wir blickten einander lächelnd in die Augen. Christoph ist so ein intensiv aufmerksamer Zeitgenosse, dass mir sofort klar war: Hier gibt es keine Missverständnisse, da ist kein Philosemitismus mit Neidfaktor, kein auf Judenphobie aufgesattelter Antiamerikanismus, kein »Man wird ja noch sagen dürfen...«. Direkt und in den Schwanzflossen der Aufklärung sprachen wir über Ideologie und Poesie, sozialistischen Realismus und poetisches Schweigen. Er berichtete mir von Paul Celan, dessen Wort ich ständig brauche, und er vermutlich auch.

Und es schälte sich heraus, dass durch all die Schändungen der Literatur hindurch mittels Indienstnahme durch die Herrschenden, durch die Versuchung hindurch, Poesie zu verwenden, um etwas zu erklären, uns beiden womöglich der Kinderglaube geblieben ist, das Wort könne – welthaltig, wie es ist – etwas verändern. Als hätten die Luftgeschäfte der Poesie eine Nachhaltigkeit.

Zu sagen, was der Fall ist. Meckel sagt: *Das ist das Gedicht / damit kommen wir durch die Zeit bis an das Ende der Hoffnung.*

Ohne ideologische Zurichtung in der Poesie sagen, was ist. Mit den unbekannten Stellen der Seele die abgegriffenen Worte, die den Machthabern und ihren Unterdrückten abgegriffene Münzen geworden sind, wieder aufzuhellen, aufzuleben, aufzustummen, einzuleuchten, das ist auch das Feuer-, Wasser- und Erdgeschäft der Poesie. Denn *der Ausgang der Menschheit aus selbstverschuldeter Unmündigkeit* ist noch immer und schon wieder Voraussetzung, um einen menschengerechten Planeten zu verwirklichen. So gilt wohl der Brecht'sche Imperativ: »Verlasse nicht als Guter diesen Planeten, sondern verlasse einen guten Planeten.«

5

Der von mir in meiner Jugend und von vielen in ihrer Jugend geliebte Schiller ist nicht lang genug gestorben, als dass seine Hoffnungen, sein Streben, seine lavabeglühten Hauptworte vergessen würden. Still aber ist Schiller nicht. Es ist immer noch ein produktiv aufweckender Lärm, der da heraufschallt. Im beabsichtigten BUCH ÜBER DEN LÄRM, geschrieben von unserem Preisträger im hohen Alter, wird der Ringpate womöglich einen Ehrenplatz erhalten.
Christoph Meckel selbst, der quicklebendige, ist noch nicht lang genug gestorben, als dass er sich mit der Niedertracht, der Dummheit und den Torheiten gegenwärtigen Weltgeschehens abfände. Erst wenn wir »fein« zu dieser Welt sagen, sind wir lang genug gestorben.
Auch meine Ermordeten – die in Riga, Birkenau und Sobibor – sind nicht lang genug gestorben. Sie stehen mir zu Gebot. Sie stehen dem Zeitgenossen Meckel zu Gebot. Sie sind es, die im Luftgrab wohnen, denen wir unsere erschwiegenen Wörter verdanken, und sie spiegeln sie ins Leben und in die Gerechtigkeit – vielleicht.

So. Jetzt gratuliere ich uns allen zum sechzigsten Jahrestag der Befreiung.
Dir aber, Christoph, gratuliere ich zum Schillerring und freue mich unbändig.

JEDERMANNS LIEBLING

ZUM 250. GEBURTSTAG VON FRIEDRICH SCHILLER

> *Freundlos war der große Weltenmeister,*
> *Fühlte Mangel, darum schuf er Geister,*
> *Sel'ge Spiegel seiner Seligkeit!*
> *Fand das höchste Wesen schon kein gleiches,*
> *Aus dem Kelch des ganzen Seelenreiches*
> *Schäumt ihm die Unendlichkeit.*

Friedrich Schiller: Aus den philosophischen Briefen

1

Man spricht von Friedrich Schiller als einem Enthusiasten der Freiheit. Er hat allerdings auch ihre Doppelbödigkeit sehr früh begriffen und auf der Bühne seiner Affekterregungskunst vorgeführt.

Mir war einst nicht nur der allgemeine Schiller heilig, sondern auch sein besonderer Marquis von Posa. Ich erkannte damals nicht die Verkoppelung von edlem und reinem Freiheitsdurst mit ausgeklügeltem Machtwillen, mit Zurüstung von Leuten zu Werkzeugen, um edle Zwecke zu erreichen. Zwar fordert Posa vom Selbstherrscher Gedankenfreiheit, lenkt aber und manipuliert die Gedanken und Gefühle seines Freundes Carlos ungehemmt. Es sollten noch zehn Jahre vergehen, bis – nicht im Drama, sondern im Leben – der Tugendterror der Jakobiner seine Schreckensherrschaft rhythmisierte.

Für mich war der Schwabe eine Freiheitsposaune, eine Freundschaftsgeige und ein Liebesspinett. Eine Affekterregungsmaschine ist sein Werk, obwohl oder weil durch sie die großen Gedanken donnern, die Ideen und die mit ihnen verschwisterten Harmonien gleißen und vibrieren. So saß ich als Dreizehnjähriger vor meinen Schreibheften und warf Balladen in seinem Sinn aufs Papier. Ein Schüler, der stets zu spät in die Schule kam und vor dem Rausschmiss stand, lief in einem sprachlichen Crescendo auf dem Stubenring dem A-Wagen nach, sprang auf, rutschte ab und geriet mit aufbäumendem Leib unter die Räder der Elektrischen. So endeten all die, welche den Zwängen unterworfen waren. Ich überlebte die Ballade und flog von der Schule.

2

Ich liebte diesen Dichter. Ich war nicht der Einzige, doch was für verschiedene Einzige liebten ihn! In meinem kommunistischen Elternhaus wurde er hochgehalten, kam gleich nach Heine. Die Nazilehrer aus der Schule liebten Schiller. Walter Ulbricht ließ ihn zum Nationaldichter der Deutschen Demokratischen Republik schnitzen. Westdeutschlands politische Kaste machte ihn zum Dichter der deutschen Einheit, der er für die Burschenschaften, die Deutschnationalen von Anfang an war.
Diese formieren sich anlässlich seines zweihundertsten Geburtstags, ich bin fünfzehn, zu einer Schillerfeier von der treudumpfen Art am Heldenplatz und vor der Universität zu Wien und um sie rum. Viele Studenten sind beteiligt, das dritte Lager sowieso, Kameradschaftsbund, Turnerbund, die ganz und gar nicht

ehemaligen Nazis, sie alle, und alle huldigen dem Dichter der Freiheit. Freiheit wovon und Freiheit wozu? Dies fragen sich die Antifaschisten, wissen die Antwort, sind alarmiert: So durchseucht von Deutschnationalismus ist unser wiedererstandenes Österreich? Ich renne in der Gegendemonstration mit und habe erinnerungsträchtige Gefühle. Damals stiegen vage Bilder auf in mir, ich sah Leute durcheinander laufen vor dem Gartenbaukino, in dem der Film »Rommel, der Wüstenfuchs« gegeben wurde, gegen den diese Demonstranten wütend protestierten, ich war vier und mittendrin, und hinter den Sträuchern des Stadtparks hockten Polizisten. Die sprangen sogleich hervor und machten »Hu!«. Nun komme ich mit den Gegendemonstranten in die Nähe der Nationalen. Schon wird gerauft vor der Universität, und in der Reichsratsstraße pflücken mich einige Polizisten, machen nicht mehr »Hu!«, sondern schnalzen mich mit ihren Gummiwürsten, ich flieg zwischen ihnen hin und her, neben mir meine Freunde und Genossen von der Freien Österreichischen Jugend fliegen ebenso her und hin, und die »Mistelbacher« treten und hauen und schimpfen, und wir brüllen »Nazi raus!«. Hinter dem Polizeikordon die alten und jungen Herren, viele mit Schmissen, am Schädel den Steirerhut mit Federn drauf, oder Schlagende in ihren Monturen, alle wütend und ängstlich. Als ich heimkomme, wirft mein Ziehvater, ein Spanienkämpfer, Dachauhäftling und Simmeringer Arbeiter, einen freundlichen Blick auf mein blaues Auge, auch auf die verschwollene Nase, und sagt: »Burschi, das sind halt die ersten Watschen im Klassenkampf.«
»Wieso feiern die Nazis den Schiller?«, frage ich.
»Aus dem kann sich jeder was rausholen«, antwortet er.

3

Und so geschieht es bis heute. Man kann spekulieren, ob der universalistische Schiller, der sich als Weltbürger fühlte, sich so wie sein Freund Körner später zum Nationalismus hin gewendet hätte. Die freiheitsdurstigen Burschenschafter der ersten Stunde haben dies als selbstverständlich vorausgesetzt. In ihnen war allerdings dieser Freiheitsdurst noch authentisch, weil er gegen die napoleonische Besatzung gerichtet war. Auch die nationalen Gefühle waren verständlich und auch nötig zum Affektaufbau, aus dem sich der Mut speiste. Bald aber schon kochten Freiheitsdurst und Vaterlandsliebe zum Deutschnationalismus hoch. Die Burschenschafter nach Achtundvierzig und gar die der Wilhelminischen Zeit waren bereits schillernde Antiaufklärer, auch wenn sie sich bei den Mensuren und Bierkonventen die immergleichen wenigen zur Deutschtümelei passenden Schillerzitate zuwarfen. Schließlich trugen sie und ihre Nachfahren die Vaterlandsliebe und das »Deutschland, Deutschland über alles« in die beiden Weltkriege hinein. Sie waren affektbereit, wegen ihres Deutschnationalismus zu den großen Kriegen bereit, hatten den Hölderlin im Tornister, den Schiller. Ob sie aber, als sie im Kessel von Stalingrad oder Kursk hockten, Folgendes mit ihren aufgesprungenen Lippen murmelten, würde ich bezweifeln: *Es ist kein leerer schmeichelnder Wahn, / Erzeugt im Gehirne des Toren; / Im Herzen kündet es laut sich an: / Zu was Besserm sind wir geboren! / Und was die innere Stimme spricht, / Das täuscht die hoffende Seele nicht.*
Denn da spricht der Schiller der Menschenrechte, da spricht der Universalist, allerdings auch der, welcher der Innerlichkeit, so dachte ichs damals, eine zu große Bedeutung beimisst.

4

Ob ich das heute noch sage? Innerlichkeit klingt etwas pejorativ, ist es wohl auch. Könnte es sein, dass Schiller so sehr eine Posaune der Menschenrechte auch deshalb ist, weil sein Freiheitsdurst mit seiner Liebesphilosophie einhergeht? Die Liebe, so meint er, führt in die Maschine der Körperwelt ein beseelendes Prinzip ein. Sie gewährleistet den Übergang von Materie zu Geist. Und sie macht wahrheitsfähig, sofern Erkenntnis als Liebesakt begriffen wird (zitiert nach Rüdiger Safranski).

Es ist also nicht bloß Innerlichkeit, aus welcher das von vielen geliebte und akzeptierte Allgemeinmenschliche herauswächst. Im Gegensatz zum vorgefundenen Thomas Hobbes konstituiert Schiller nämlich den Menschen als beseeltes, liebendes und freiheitsfähiges Geschöpf, und nur ein solcher Menschenbegriff kann die Menschenrechte unabhängig von verschiedenen Wirtschafts- und Gesellschaftssystemen fundieren und begründen. Denn die Menschenrechte sind ewig und unteilbar, seit wir sie entdeckten und deklarierten. Der Anteil des innerlich so grandios entzündeten Klassikers aus Schwaben daran ist gewaltig.

Den Antiaufklärern unter den Heutigen, den Burschenschaftern und ihren uralten Herren, möchte ich Turnvater Jahn und Hanns Johst anempfehlen. Mit Schiller haben sie so wenig zu tun wie mit Heine.

REDE AUF DEM KZ-FRIEDHOF ZU WELS

Werte Gedenkgemeinde
Meine Damen und Herren

An dieser Stelle stehen wir und blicken zurück. Wie durch einen Zeittunnel legen unsere Gedanken siebenundfünfzig Jahre zurück und verharren im grauenhaften Frühling neunzehnhundertfünfundvierzig, der für viele auch ein hoffnungsreicher Frühling war, einer, der aus seinem Innersten – also aus der Hölle – den Frieden gebar.

Ich möchte Ihnen erläutern, warum ich jetzt einfach vor Ihnen stehe. Eigentlich müsste ich da liegen, hier oder irgendwo in der Nähe oder im südlichen Polen. Ich war damals, als die Todesmärsche losgingen, ein Jahr alt. Als jüdisches Kind entzog eine Kinderschwester mich dem Zugriff der Gestapo Linz, während meine Eltern im August neunzehnvierundvierzig enttarnt und verhaftet wurden. Die Eltern gaben sich als elsässische Fremdarbeiter aus, um mit dieser Tarnung eine Widerstandsgruppe in Linz aufzubauen. Sie waren Wiener Kommunisten, die aus dem besetzten Frankreich, dort sie ebenfalls im Widerstand tätig waren, im Auftrag der Partei im Herbst neunzehndreiundvierzig nach Linz geschickt wurden und nicht nach Wien, weil meine Mutter dort noch aus der Schuschniggzeit als Kommunistin polizeibekannt war. Ich wurde in Bad Hall am vierten Vierten vierundvierzig geboren und eben vier Monate später von der unbekannt gebliebenen, beherzten Kinderschwester aus der Reichweite der Gestapobehörden Oberdonaus nach Wien gebracht, dort einfach in der nationalsozialistischen Volkswohlfahrt als Kind unbekannter Bombenopfer abgegeben. So gingen meine Eltern ohne mich nach Auschwitz. Vor dessen Befreiung wurde mein Vater, René Hajek, nach Dachau verbracht und am achtundzwanzigsten Dritten fünfundvierzig erschossen. Meine Mutter, Gerty Schindel, kam nach Ravensbrück, überlebte dieses Lager ebenso wie die Todesmärsche quer durch Deutschland und wurde am achten Fünften fünfundvierzig an der dänischen Grenze befreit. Sie wog zweiunddreißig Kilo.

Zu jener Zeit also lag ich in der Leopoldstadt im bombengeschwängerten Wien und brüllte mich der Befreiung entgegen, indes eine Armee von zerlumpten, ausgemergelten Menschen – ungarische Juden – sich aufmachen mussten vom Südostwall, um zu Fuß über den Präbichl und durch das Ennstal nach Mauthausen zu gelangen. Eine mächtige Blutspur zog sich durch das Land. SS, Volkssturm, Gendarmerie hetzten, prügelten diese Skelette über Stock und Stein, erschossen und erschlugen die, welche nicht mehr weiterkonnten, und andere auch. Dies alles vor den Augen der Bevölkerung, die schreckerstarrt wegschauen musste, gelegentlich den Ausgehungerten Nahrung zusteckte. Entsetzte Pfarrer hielten diesen Gräuelsachverhalt in Pfarrchroniken fest, mitleidige Bürgermeister, gelegentlich sogar Volkssturmleute retteten für ein paar Tage sogar einige Leben. Mauthausen war überfüllt. Die KZ-Verwaltung ließ ein Zeltlager in Marbach, Mauthausen, errichten, doch am sechzehnten, sechsundzwanzigsten und achtundzwanzigsten April fünfundvierzig wurden die ungarischen Juden wieder aufgejagt und von Mauthausen nach Gunskirchen geprügelt. Über Enns ging der Zug der Schatten, der aufs Gebein reduzierten Menschen, über Asten, über St. Florian, über Weißkirchen an der Traun, über Schleißheim, über Thalheim, über Wels. Alles Tatorte, Mordorte. Wenigstens sechstausend Juden starben und wurden getötet entlang dieser fünfundfünfzig Kilometer.

Am fünften Fünften fünfundvierzig wurde Gunskirchen von den Amerikanern befreit. Doch Seuchen waren ausgebrochen, und obwohl befreit, mussten noch an die tausend Häftlinge sterben. Ein Teil von ihnen liegt hier. Doch ich darf vor Ihnen stehen und darüber reden.

Man hat mich ersucht, über das Heute zu sprechen, doch wie kann ich das? Wenn der schleifende Gang dieser Schatten meine Träume durchherrscht, wie soll ich da von Le Pen oder von Jörg Haider reden? Angesichts der zerschmetterten Sehnsucht so vieler einst gern lebender gesunder Menschen, die, weil sie Juden waren, in den Viehzustand und schlimmer versetzt wurden, die wegen ihrer Gebürtigkeit – unabhängig davon, was sie dachten, wofür sie eintraten – zuschanden gingen, soll ich ein heutiges NIE WIEDER den Zeitgenossen kredenzen, als ob damit der Mord an diesen Menschen abgehakt wäre? Angesichts jener Monstrositäten schäme ich mich, heutige Sachverhalte jener Finsternis anzudienen. Es bleibt ein einmaliger, mit nichts gleichzusetzender Zivilisationsbruch, den ich mich nicht getraue, gegen heutige Alltagsfaschismen ins Treffen zu führen. Doch allein dass diese Gemordeten mit Recht unsere Gegenwart durchklagen, anwesend sind am nächtlichsten Ort auch unserer Zukunft, lässt uns die heutigen Verhaltensweisen nicht ohne Zeittunnel beurteilen.

An dieser Stelle stehen wir und blicken zurück:

Während meines ersten Lebensjahres wurde der Großteil der ungarischen Juden vernichtet. Die großen Ungarntransporte – so wurden sie genannt – im Sommer vierundvierzig nach Auschwitz-

Birkenau, Hunderttausende wurden in die Gaskammern getrieben. Die Budapester Juden, welche übrig geblieben waren, wurden teilweise durch den schwedischen Diplomaten und Gerechten unter den Völkern Raoul Wallenberg gerettet, viele mussten aber am Südostwall Schanzarbeiten verrichten. In Rechnitz im Burgenland wurde ein Massaker unter ihnen von der betrunkenen SS veranstaltet, vor den Augen der Bevölkerung, die bis heute den Massakerort totschweigt. Nach den Schanzarbeiten wurden die Juden quer durchs Land getrieben, mussten hier ihre letzte Ruhestätte finden.

An dieser Stelle stehen wir und blicken nach vorn:
Heute erleben wir ein Gerangel um den achten Mai. Alle möglichen wollen dieses Datum für ihre Zwecke benützen. Aber am achten Mai wurde der Frieden geboren. Es war aus mit den Schrecknissen, die lange Nacht ging zu Ende. Wie bitter muss es für die todkranken Häftlinge von Gunskirchen gewesen sein, gewusst zu haben, dass es vorbei ist, und doch in diesen Frieden hineinzusterben. Dieser achte Mai war auch die Geburtsstunde des demokratischen Prozesses, der sich in siebenundfünfzig Jahren tief – wie ich hoffe – in die Herzen und Hirne der Bevölkerung einpflanzte, der aber immer wieder gefährdet ist vom heutigen Rassismus, Antisemitismus, der unbelehrbaren Fremdenfeindlichkeit.
Diese fremden Menschen, die hier fern ihrer Heimat verwittern, sie sind allerdings nicht dafür gestorben, damit wir bis zur Heiserkeit »Das Boot ist voll!« brüllen, sondern sie sind die Wächter darüber, dass wir für Zustände sorgen, in denen der »Mensch dem Menschen ein Helfer ist«.

Wir verbeugen uns vor den Getöteten und blicken nach vorn.

WIR HABEN ES GUT

DER EINFLUSS EUROPAS AUF MEIN SCHREIBEN

1

Als der Zug hält, blickt die fast zweiunddreißigjährige Frau auf das Namensschild des Zielbahnhofes. Das erste Mal in ihrem Leben nimmt sie das Wort Auschwitz wahr. Der neben ihr sitzende Freund hat von dem Ort auch noch nie etwas gehört. Es ist der erste November neunzehnvierundvierzig. Die beiden Schutzhäftlinge der Gestapo steigen aus, werden getrennt und werden einander nie wieder sehen.

Leser meiner Essays werden die Frau schon kennen. Es ist Gerty Schindel. Sie ist gut gekleidet, ebenso ihr Freund René Hajek, mein Vater. Vierzehn Monate vorher waren sie aus Frankreich aufgebrochen. Der Auftrag der exilkommunistischen Partei Österreichs lautete: eine Widerstandsgruppe aufbauen in Linz an der Donau. Die Gruppe bekommt falsche Papiere, elsässische wegen des Deutschakzentes. Aus Gerty beziehungsweise Résistancename Annette wird nun Suzanne Soël, mein Vater heißt Pierre Lutz. Ich selber höre die Änderung der Sprachmelodie durch die Bauchwand, übersiedle im Mutterleib von Paris nach Linz. Die Elsässer haben sich als Fremdarbeiter freiwillig nach der Ostmark gemeldet, wohnen in einem Bretteldorf am Stadtrand der oberösterreichischen Hauptstadt. Gerty, die vor dem Krieg in Wien als illegale Kommunistin tätig war, verhaftet und zu fünf Jahren Haft verurteilt wurde, soll ihren jetzigen Auftrag in einer Stadt ausführen, wo sie den Behörden und der Bevölkerung nicht bekannt ist. So arbeitet sie als Zimmermädchen

im Gasthof Maischberger, eine schwarzhaarige Französin. Ich komme zur Welt, und vier Monate später fliegt die Sache auf. Der junge versteckt lebende Jude Mottl S. erkennt sie auf der Straße, nachdem sich das Rad vom Kinderwagen gelöst und ihm vor die Füße gerollt ist.
»Gerty, was machst denn du da?«
Meine Mutter antwortet französisch, doch es hilft nichts. Als Mottl aufgegriffen wird, muss er unter der Folter alles sagen, bevor sie ihn erschlagen, schon sitzen meine Eltern im Zug nach Wien und sind als Wiener Kommunisten und Juden enttarnt. Ich werde von einer Kinderschwester noch rasch verborgen und liege in einem anderen Zug, welcher mich meinem sicheren Wiener Versteck entgegenbringt. Nach achtwöchigem Aufenthalt bei der Gestapo-Wien, Morzinplatz, unter Mörder Sanitzer werden sie nach Auschwitz gereist, um dort ihren Hochverratsprozess abzuwarten. In den mitreisenden Akten der Vermerk RU: Rückkehr unerwünscht.
Dort ist nun die Europäische Gemeinschaft auf engstem Raum versammelt. Kaum eine Nation fehlt. Einträchtig fressen sie aus dem gleichen Blechnapf, weniger einträchtig, wenn um ihn gerauft werden muss. Italiener, Polen, Deutsche, Griechen, Tschechen und Slowaken, Franzosen und Holländer und so fort trotten in den Holzpantinen zur Arbeit, sie trotten zumeist aber im Laufschritt *schneller, Schweine, marschmarsch*. Ähnliches Bild im Frauenlager. Einträchtig sitzen sie auf den Massenlatrinen, von Typhus und Ruhr durchgeputzt bis zum Absterben, wenn sie sich nicht raufen müssen oder sich bereits im Todesblock befinden, ausröcheln in allen europäischen Seufzern.
Auschwitz? Der *Archipel Europa*, ein dichtes Spinnennetz mit Tausenden Fliegen darin, Todesplätze allerorten, von Natzweiler

bis Majdanek, von Neuengamme bis Saloniki und zurück nach Stutthof, von Drancy, Struthof und Westerbork bis Jasenovac. Das Vereinigte Europa der Sklaven, der Beleidigten, der Getöteten. Über ihm der Meister, der Weber des Netzes, und seine Gehilfen, Deutschland und die mit ihm Kollaborierenden.
Als dieses Nazideutschland zuletzt auch in Schutt fällt, liegt also der alte Kontinent da, ausgeweidet, verdorrt, starr. Einen kurzen Moment, denn *Leben blüht aus den Ruinen*, wie es heißt, und der Frühling fünfundvierzig war – wie die Leute sagen – zauberhaft schön und warm.

2

Unter diesen Trümmern bin ich hervorgekrochen worden, im Schlagschatten der großen östlichen Öfen. Versteckt in der Kinderkrippe der Nationalsozialistischen Volkswohlfahrt im Zentrum der Glasscherbeninsel, wie sie nun heißt. Vor dem Krieg nannten die Wiener sie Mazzesinsel, weil viele Juden auf ihr lebten, meine Leopoldstadt.
So wachsen wir herein in den Nachkrieg, die Kinder von Wien, spielen mit Steinen Fußball, mit Tennisbällen, mit Gummibällen, ich krieg einen Lederball, Prinz werde ich von der Jesuitenwiese. Ärgerlicherweise wird uns eine Ruine nach der anderen weggeräumt, in denen wir herrlich spielen können, Franzosen gegen Vietminh. Langweilige Gemeindebauten entstehen, aus deren Fenstern uns mürrische Erwachsene anknurren. In dieser Stadt liebt man Hunde, nicht Kinder.
Es sei denn, die Russen sind da. Kinder können über die Sowjetsoldaten zumeist nur das Beste berichten. Wir werden in die

Höhe gewirbelt, riechen das seltsame Parfum aus den Mündern der strohblonden lachenden Serjoschas und Aljoschas. In den vornehmen Stadtteilen kauen die Amis ihre Gummi, an Franzosen und Engländer kann sich kein Kind in Wien erinnern.

Es geschehen seltsame Dinge: Die Nazilehrer schweigen die Unterrichtsstunden durch, gelegentlich erwähnt einer seinen Dienst als Tiefflieger bei der Wehrmacht. Europa verschwunden, für uns gibt es Amerika und die Sowjetunion.

Als ich zu schreiben beginne – mit acht –, war ich Jungpionier, Sturmvogel hieß das in Wien, eine Kinderorganisation der Kommunistischen Partei. Wir Kinder sind sowieso ganz sowjetzugewandt, nicht weil die so kinderfreundlich sind: Der Sozialismus (*der Osten ist rot / China ist jung* wurde damals noch gesungen), die blühende Alternative zum Ausbeuterkapitalismus Amerikas und langsam, ganz langsam Westeuropas, ward uns eingefleischt und hernach als glänzende Zukunft entgegengeworfen.

1. Splitter Kindheit

Da war die Kindheit, war ein Mordstheater
Zuerst erwürgten sie mir glatt den Vater
Dann kam die Mutter zruck aus dem Kazett
Streichelte mich ins ICH, doch ich war weg.

Vagabundierte durch die Leidenschaften
Sodass die Schulen als die Zitadellen
Des Lebens stürzten. Und sie schafften
Des Aufruhrs Winde, des Versagens Wellen

Und prallte ab bei Menschenkindern
Stieß rasch hinein in solche Roten Träume.
Sodass Parolen mich umküssten aus Genossenmündern.

Bis in die Kindheit runter werfen Marx- und Leninbäume
Die Zukunftsschatten, welche meine Gegenwart verhindern:
Rauchnasenkinder zeug ich mir vom Stein der Vatersteine.

Mich und meinesgleichen interessierte keine Montanunion. Überhaupt erschien uns der Europagedanke reaktionär und rechts – da wollen sich die Konzerne supranational zusammenschließen und nennen das die *Integration Europas*. Für mich war Adenauer eine suspekte Gestalt; inwieweit er ein »großer Europäer« war, konnten diejenigen nicht erkennen, welche gar nicht wussten, was ein *großer Europäer* überhaupt sein soll. Nach dem dreizehnten August einundsechzig sangen wir: *Auf der Mauer, auf der Mauer, sitzt der Konrad Adenauer*. Wir schoben die Teilung Deutschlands durchaus dem Westen in die Stiefel und bekämpften die Revanchisten, die Vertriebenenverbände, deren Methode der Geschichtsbetrachtung – vermutlich zum Teil noch heute – in der chronologischen Schuldumkehr bestand: Nicht die Nazis mit Billigung der meisten *Volksdeutschen* hatten sich wie die Barbaren im Sudetenland und in Schlesien aufgeführt und so die Voraussetzung für die spätere Vertreibung geschaffen, nein neunzehnfundvierzig war für sie die Stunde null, und es begann das Unrecht. Viel später erst begriffen wir, dass kein Unrecht ein anderes rechtfertigen kann. Für mein Schreiben aber waren ihr Verleugnen der eigenen Schuld und die lautstarke Beschuldigung ihrer einstigen Opfer prägend und schlossen mehr und mehr auch den Stalinismus mit ein. Denn für Stalinkantaten war ich zu jung, und später als Gelegenheitsmaoist konnte ich mich zu entsprechenden Lobliedern aufgrund früherer Erfahrungen nun doch nicht entschließen.

Für einen links Sozialisierten, noch dazu mit einer vertilgten Familie im Rucksack, war der europäische Gedanke lange nicht attraktiv. Wie kam er denn daher?

3

Eine konzertierte Aktion, eine formierte Gesellschaft, ein Wertekompendium, das die alten deutschen Herrlichkeiten mit demokratischen Stehsätzen bemäntelte, aber alles Linke zu kriminalisieren suchte. Da wurde aufgebaut, Demokratie von den einst feindlichen Westalliierten abgepaust, es wurde verdrängt, dass die Seelenschwarten krachten, die Leichen verbuddelt, die Erinnerungen an sie zur Vorgeschichte hin untertunnelt. Im Präsens standen die Wendehälse, angesehene Politiker, Ministerpräsidenten, Verkehrsminister, Vertriebenenminister, Bundespräsidenten et cetera.

In Österreich war der Werteverbund ähnlich und noch um einen Dreh perfider: Als erstes Opfer Nazideutschlands verkauften bekanntlich unsere bauernschlauen Politiker der Welt die Rolle der Österreicher. So konnten diese direkt vom Rand der Erschießungsgruben, in die Juden, Russen, Partisanen, Kommissare herabgeschossen wurden, in den Zuschauerraum des Nachkriegsösterreich springen und von einem anderen Stück berichten, das sie bloß gesehen, nicht gespielt haben. Es taten immer die anderen etwas: die Partisanen, der asiatische Iwan. Juden?

Nirgendwo gab es Juden, und wenn, dann ging es denen dann an den Kragen, daweil man grad auf Heimaturlaub war. Zehntausende österreichische Wehrmachtsoldaten mussten mitmachen bei der Aktion »Verbrannte Erde«, doch kaum einer sah ein Verbrechen der Wehrmacht, und sah er es, schwieg er. Diese Generation war ein Wunder. Sie ging wie einst Galahad vollkommen unschuldig aus dem Weltgemetzel hervor, obwohl sie sogar Teil einer Angriffsmaschinerie war. Am Ende hatte sie ihre Pflicht getan.

Weniger die erste, doch schon die zweite Generation der Politiker und die mittleren und unteren Chargen der beiden großen Parteien waren allesamt Zuschauer eines bedauernswerten Geschehens. Die dritte Kraft – VDU, Verband der Unabhängigen – sammelte nicht unerhebliche Reste der Ehemaligen, welche etwas abgeschwächt zu ihrer ehemaligen Gesinnung standen. Abgeschwächt heißt: zu den »guten« Seiten des Nationalsozialismus. *Hitler war ein böser Mann / doch baute er die Autobahn.* Auch das mit den Juden war ein Fehler, das Antiklerikale auch; überhaupt war es falsch, gleichzeitig gegen Weihrauch und Knoblauch zu kämpfen. In diesem Sumpf entstand und gedieh jene braune Blume, welche die österreichische Farbenblindheit – eine Volkskrankheit – für blau hielt.

Ausgerechnet aus diesen Reihen kam der Europagedanke auf uns. Unterstützt und bald überflügelt von den Konservativen des Landes, griff die Idee Platz. Einer ihrer Kerne war allerdings, dass eigentlich bereits Hitler ein geeintes Europa wollte und auch bekam – siehe *Archipel Europa*. Diesen Kerngedanken wiesen die Konservativen zurück, ersetzten ihn durch Zeitgemäßes: Das Vereinte Europa soll sein ein wirtschaftskräftiges Bollwerk gegen den gottlosen Kommunismus, soll werden eine Befreiung unserer Brüder und Schwestern in Osteuropa. Um dieses Europa zu bekommen, muss es zuvor in zwei Stücke zerschlagen werden, und immer wenn von Europa die Rede war, galt es, dem Westen zugewandt zu sein.

Gegen diesen Werteverbund liefen die Achtundsechziger Sturm, wie wir wissen.

Allmählich, allmählich, mit den Ostverträgen, mit den zerbröckelnden Volkswirtschaften im Osten und ihren spießbürgerlichen Demokratiedefiziten, schließlich mit Gorbatschows Perestrojka, veränderte sich auch das Wertekompendium des Westens. Die Wundergeneration fährt allmählich, allmählich in die Grube, und mit ihr etliche herrliche und alte Gedanken.

Als die Neunundachtzigerereignisse dem Realsozialismus den Garaus machten, hatte sich schon ein anderer Europagedanke herausgebildet, welcher sowohl mit der paneuropäischen Bewegung als auch mit dem alten Mitteleuropa mehr zu tun hatte als mit dem Europabild der Rechten und mancher Konservativen früherer Jahre.

4

»Was soll das für ein Mitteleuropa sein, in dem die Verkehrssprache Englisch ist?«, fragte vor Jahren der Schriftsteller Milo Dor, geboren in Budapest, aufgewachsen in Beograd, nach dem Krieg in Wien lebend. Mitteleuropa ist heute ein Trugbild: Mit der Vernichtung des europäischen Judentums ist auch jenes kulturelle Mitteleuropa unwiederbringlich dahin.

Doch pulst jene Zeit in mir fort, sie trägt all das Vergangne herauf, sei es in den Schriften Milo Dors, im Werk von Aleksandar

Tišma, Ivo Andric, Robert Musil, Joseph Roth und vieler anderer. Insofern spielte und spielt dieser Raum auch in meinem Schreiben eine große Rolle.

Die Reise der Wörter 1
(Inmitten des Karstes)

1
Inmitten des Karstes und Leichen liegen auf ihm
Blutpfützen da und dort ein blasser Himmel und drunten
Baumgruppen ein See mit gekräuseltem Wasser inmitten
Des Steins südöstlicher Geschichte zusammengekauert
Mit Ohren als wär es schwankendes Schilf eine
Gruppe von Wörtern mit Augen aus Objektiven
Hockt in den Mulden des Karstes auf den Höhen
Sieht in zerschossnes Gehöft diese Gruppe hört auf

In der Gegend zusammengebuckelt stillzuhalten
Sondern erhebt sich fährt aus was an Triebkraft
Ihr Flügel verleiht und flattert und fliegt und entfernt sich
Von den Blutmeeren als die sie da schweigen und
Infizieren rundum alles mit Stille entfliegt
Den Jammertalen den gepanzerten Bergnasen
Gewinnt an Höhe an Breite verliert im Fluge
Die Schatten der Gegend und schlüpft in unsern Gehörgang

2
Ich melde dies war er besoffen das sah ich mit den
Gebe ich zu eignen herausgewälzten Augen vorne ein Mädchen
Dazwischen ein Greis Srebrenica meine Liebste von vorne

Bückt sich dein Gebihatschter samt seinem Goratsch zum Ende.
Kannitverstan! Meld er verständlich den Gräuelfakt
Herauf in unsere Kästen wen interessierts dass du da
Irgendeine Srebrenica gefickt was ist mit den Messern
Im Maul der einen der andern der einen ists wahr dann ists wahr

3
Über den zentralen Alpen trennen sich die Wörter von sich
Verlassen die Kavalkade nesseln herunter verschwinden
In den Computern kommen aus diesen durchrastern die Bilder
Und Schilf wiegt sich zu Minen Markt zu Massakern die
Wörter stoßen vom Gehörgang zum Zungengrund von dort
Neue Wörter aus jenen und der Kontinent plappert
Die Gegend zu dort frühere Bauern und Ärztinnen
Einstige Kinder und Soldaten ein stilles Equipment ergeben

Ausgerechnet diese Region hat es zerrissen, die Blutfahnen des ganzen vergangenen Jahrhunderts kehrten in den Neunzigerjahren auf engstem Raum zurück und drohten anfangs auch das ganze Europa zu renationalisieren.
Während des Bachmann-Wettbewerbs 1992 in Klagenfurt hörte man das Schießen fast bis zu uns herein.

Die Reise der Wörter 2
(Sterbien)

Während mich der Schlaf übermannt denke ich zerfahren
Über die Stimmen nach die den südslawischen Wirren
Nun ein Echo sind im Halbschlaf seh ich
Als wär ich dabei das Einreiten der Ustaschaflagge
In den Gehöften der Krajina das ununterbrochene
Beschieße Ostslawoniens die Arme von Vukovar die Toten und
Den Filmer Niki Vogel niedergestreckt am
Süßen Flugfeld der nördlichen Stadt Ljubljana

Die nach Liebe klingt Falter umrunden die Leselampe
Daweil die Bosnier in Srebrenica längst ins Grab geschossen und
Murmele Selbstbestimmungsrechte der Völker Tschetschenen
Krajinageserbe Muslime Deutschtyrol im Süden was ist
   mit Erdberg
Am Weltkanal das Blut füllt meine Augendeckel Ignorant und
   Nörgler
Begutachten Bombardierungen der Weißen Stadt es ist als
Ob Serbien zu sterbien hat jeder Schuss ein Russ
   die Bauchatmung

Die ich bei mir beobachte hier macht sie mich lachen
In der Wiener Bettstatt nun prügeln sie aus ihren Redaktionen
Ihren Wirtshäusern auf den Dichter H. ein weil der
   ein Trauernder des
Gesamtstaates gerechte Berichterstattung sich wünscht einen
Gräueltatbestand und aber bevor ich die Augen
Zuklappen kann torkelt Herr Joseph R. oder so ähnlich über

Meinen Nabel soll doch Franz Joseph eher leben als
Tudjman und Milošević flüstert der ich

Dreh mich um nehme ein Bein aus der Decke
Strecke den Hintern nach Südost bette beide Hände
An der Wange und jetzt hab ich zu schlafen schon
Morgen muss ich einer Figur meines Romans
Hinterherschreiben die begehrt nicht schuld
Daran zu sein spät ist es für aufgeschriebenes Zeug denn
Unten auf der Straße kratzen die Schneeräumgeräte
Als ob Panzer darauf warten dann endlich holt mich der Traum

Wiederum erwies sich seitens der Medien diese einseitige Berichterstattung als Indiz, wie schnell sich nationalistische Scharfmacherei entwickeln kann. Der serbische Nationalismus, der gewiss ebenso Schuld trug an den Kriegen in der Region wie der kroatische, wurde in alter Serbien-muss-sterbien-Manier verantwortlich gemacht. Peter Handke, der diese Einseitigkeit anprangerte, wurde von diesen Medien aus Deutschland und Österreich nahezu zum Feind des Friedens und der Demokratie erklärt. Dass er dann später auch etwas einseitig die serbische Politik in Schutz nahm und sich womöglich auch etwas verrannt hat, ist angesichts jener Medienkampagne verständlich, wenn es auch zu einer gewissen Klarheit der Orientierung wenig beitrug.
Doch sukzessive fasste auch in dieser Krise dieses neue Europa Fuß. Eventuell werden die Konturen einer Friedensunion sichtbar.

5

Ich fühle mich in der Europäischen Union ganz gut, freue mich, dass wir in den Haiderjahren innerhalb und nicht außerhalb der EU waren. Es wäre unangenehm gewesen, in Zeiten des aufsteigenden Populismus mit den Haider nachlaufenden österreichischen Schlaumeiern allein geblieben zu sein.

Jetzt mit der Osterweiterung müsste sich die Union zur Sozialunion weiterentwickeln, aber auch in der puren Wirtschaftsunion wird es zu neuen sozialen Kämpfen kommen. Doch diese Kämpfe als neue Klassenkämpfe und nicht als Kämpfe der Staaten gegeneinander mögen auch mehr soziale Gerechtigkeit zum Resultat haben. So wären mit diesem Europa auch jene Linken einverstanden, die sich die Auseinandersetzung zwischen Kapital und Arbeit immer schon im internationalen Maßstab gewünscht haben.

Mir solls recht sein. Aber mein Schreiben hat seine Muttermale leider nicht im Reformeuropa, sondern in jenem europäischen Gulag. Je mehr dieser in der Geschichte zum Erdreich geht, desto mehr mögen künftige Texte zivilisatorischen Fortschritten Rechnung tragen.

Neunzehnfünfundvierzig. Der Zug hält. Die Türen gehen auf. Männer – in anderen Uniformen als bisher gesehen – werfen Strohsäcke in die Waggons. Meine Mutter, sowohl mit zweiunddreißig Jahren als auch mit zweiunddreißig Kilo, fragt einen Uniformierten:

»Wieso auf einmal Strohsäcke?«

Der Mann in der Uniform der Feldpolizei schweigt. Die Häftlinge aus den diversen KZs schweigen ebenso. Plötzlich sagt der Mann:

»Heute ist der neunte Mai, Friedensschluss.« Und mit Blick auf die herumstehenden und einherliegenden Skelette fügt er hinzu:
»Ihr habt es gut.«

GLOSSAR

Adler Alfred Adler, Begründer der Individualpsychologie (1870-1937)
Altaussee Ort im Salzkammergut, beliebte Sommerfrische
Apotheker Capesius Victor Capesius (1907-1985), KZ-Apotheker in Auschwitz
am Sand erledigt, am Boden zerstört
10. April 10. April 1938: Wahlen zum Anschluss Österreichs an das Dritte Reich
a soi ach so
aso also so
Attila Attila Hörbiger (1896-1987), verheiratet mit Paula Wessely (1907-2000)
auf ja und nein im Handumdrehen
Bandelkramer Textilhändler
barbieren rasieren
Bernwunder Deutschland besiegt Ungarn beim Endspiel der Fußball-WM 1954 in Bern mit 3:2
Beromünster Landessender Beromünster, Sendeanlage für Mittelwellen-Rundfunk in der Schweiz
Biermann Wolf Biermann (*1936), deutscher Liedermacher und Lyriker
der bisherige Direktor Ernst Lothar (1890-1974), Schriftsteller, Theater- und Filmregisseur, von 1935 bis 1938 als Nachfolger Max Reinhardts Direktor am Theater in der Josefstadt
Blau-Weiß zionistische Jugendorganisation mit Schwerpunkt Wandern
Bocher meschiggene verrückte Kerle
Bruno Brehm österreichischer Autor (1892-1974), von Hitler in die Gottbegnadeten-Liste der wichtigsten Schriftsteller aufgenommen
Charles Simic US-amerikanischer Dichter (*1938), schrieb zahlreiche Essays zu den jüngsten Balkankriegen
Chawer Genosse
Cohn-Bendit Daniel Cohn-Bendit (*1945), prominentester Sprecher der Pariser Mai-Revolution 1968

danauf da hinauf
davondabbeln schnell davongehen
daweil derweil
Doktor Mengele Josef Mengele (1911-1979), KZ-Arzt in Auschwitz
Donaukanal vor der Regulierung Hauptarm der Donau; trennt heute die Leopoldstadt vom 1., 3. und 9. Wiener Gemeindebezirk
Doppelnelson Griff beim Ringen
einhausen wohnlich niederlassen
emigrierter Jude Herbert Marcuse (1898-1979)
Erdberg Teil des 3. Wiener Gemeindebezirks
Erik Erik Frey (1908-1988), österreichischer Schauspieler
Erl kleiner Ort in Tirol, wo die von Gustav Kuhn geleiteten Tiroler Festspiele stattfinden
Ernst Fischer österreichischer kommunistischer Politiker und Schriftsteller (1899-1972)
Ferdinandstraße Straße im 2. Wiener Gemeindebezirk
FÖJ Freie Österreichische Jugend
Galahad Sohn von Lancelot, Ritter der Tafelrunde, dazu auserwählt, den heiligen Gral zu finden
Gartenbaukino traditionsreiches Premierenkino am Stubenring vis-à-vis vom Stadtpark
Gebihatschter von der bosnischen Stadt Bihać
gelandlert von Ländler: ländlicher Tanz
gelber Winkel Kennzeichnung an der Kleidung der jüdischen Gefangenen in den Konzentrationslagern
Genosse Graf der Autor Oskar Maria Graf (1894-1967)
Genussspecht Genießer
Gerechter unter den Völkern israelischer Ehrentitel für Nichtjuden, die während der Naziherrschaft Juden vor der Ermordung retteten
Gerschtl Zaster, Moneten
gewalzt von Walzer
Gewusel geschäftiges Gewimmel
der Gigl – der Gogl der eine – der andere
Goratsch von der Stadt Goradže
Grein Stadt an der Donau im Strudengau

grundeln sich unter Wasser auf dem Grund herumbewegen
Gustaf G. Gustaf Gründgens (1899-1963), deutscher Schauspieler, Regisseur und Intendant
Joseph R. Joseph Roth
Hanns Maier bürgerlicher Name von Jean Améry (1912-1978)
Hans Ruprecht Programmleiter des Schweizer Literaturfestivals Leukerbad und Freund des Autors
Haskala jüdische Aufklärung in Deutschland zwischen 1770 und 1880
Heimatschratten heimatliche Waldzwerggestalten
Heinz Fischer-Karwin Kulturjournalist im österreichischen Radio und Fernsehen (1915-1987)
Herr S. Heinz-Christian Strache (*1969), Bundesparteiobmann und Klubobmann der Freiheitlichen Partei Österreichs (FPÖ)
Herstellt Stillgestanden! Achtung! Obacht! Aufgepasst!
Hilversum niederländischer Radiosender
Ischl Bad Ischl, Kurstadt und beliebte Sommerfrische im Salzkammergut
Jahrln Jahre
Jakob Wassermann deutsch-jüdischer Schriftsteller (1873-1934)
Jesuitenwiese große Spielwiese im Prater, unweit der Wohnung des Autors
Jom Kippa Jom Kippur, hoher jüdischer Feiertag
Josefstadt der 8. Wiener Gemeindebezirk; hier: das Theater in der Josefstadt
Josefstädter Bandelkramer das bekannt konservative Publikum der Josefstadt
Joseph, der große Joseph Goebbels (1897-1945)
Kammerl kleine Kammer
Kaprun Wasserkraftwerk in den Hohen Tauern im Bundesland Salzburg
Katrin Hausberg von Bad Ischl
Klagenfurt Landeshauptstadt von Kärnten
knotzen bequem sitzen, lümmeln
Komiker Hans Hans Moser, geboren als Johann Julier (1880-1964)
Krachlederne traditionelle Männerlederhose im Salzkammergut

Leit Leute
Lentos Kunstmuseum in Linz
Leopoldstadt der 2. Wiener Gemeindebezirk, die sogenannte Mazzesinsel, da vor 1938 mehrheitlich von Juden bewohnter Stadtteil
Linz Landeshauptstadt von Oberösterreich
Lötschberger Lötschberg, Alpenübergang in der Schweiz zwischen Kandertal und Lötschental
Löwinger Bühne traditionsreiches Wiener Theater mit sehr volksnahem Spielplan
Lueger Karl Lueger (1844-1910), Wiener Bürgermeister von 1897 bis 1910, machte den Antisemitismus zum politischen Programm
Lux legendäres Hotel in Moskau, in den frühen Jahren der Sowjetunion Zufluchtsort zahlreicher politischer Emigranten aus dem Westen
Maimonides Zentrum jüdisches Sanatorium und Altersheim in Wien
Mazel tow (jidd./hebr.) Gut Glück! Alles Gute!
Mazzot (hebr.) Plural von Matzá, ungesäuertes Brot im jüdischen Ritus
Mephisto Schlüsselroman von Klaus Mann, hinter dessen Titelheld sich Gustaf Gründgens verbirgt
Mischpoche Familie, Verwandtschaft
Mistelbacher Polizeibeamter, Wachmann
Moische Moses
Mordstheater intensives Ereignis
Muli übler Mundgeruch
Naturfreunde 1895 als Touristenverein in Wien gegründet; in der Nazizeit verboten
Nazialtspatz Altnazi
nicht abgehen nicht fehlen, nicht vermisst werden
No pasarán (span.) »Sie werden nicht durchkommen«: Schlachtruf der Verteidiger der Republik im Spanischen Bürgerkrieg
Ohrwaschel Horchlappen, Ohrmuschel
Packl lange, dichte Nackenhaare
Packelrass pejorative Bezeichnung einer Gruppe
Pappen (derb) Mund; die Pappen halten

pflauseln schwätzen, daherreden

Pitralon beliebte Rasierwassermarke, dessen Original bis 1990 vertrieben wurde

Pofel minderwertiges Zeug, Schund

Putzerln Babys

Qualtinger Helmut Qualtinger (1928-1986), österreichischer Schauspieler, Kabarettist und Autor; kreierte vor Jahrzehnten diesen freilich sarkastisch gemeinten Ausspruch über Linz, das damals noch eine nicht besonders attraktive Industriestadt war

Radio im Wienerischen oft auch mit dem Artikel *der* (Radioapparat) gebraucht

Rax beliebter Hausberg der Wiener

Robert die Schauspieler Robert Horky (1908-1983) und Robert Valberg (1884-1955) bildeten zusammen mit Erik Frey (1908-1988) die sogenannte »nationalsozialistische Zelle« und übernahmen unmittelbar nach dem »Anschluss« die Leitung des Theaters in der Josefstadt

roter Winkel Kennzeichnung an der Kleidung der politischen Gefangenen in den Konzentrationslagern

Rot-Weiß-Rot US-amerikanisch kontrollierter Radiosender im besetzten Nachkriegsösterreich

Rumbulawald ein Kiefernwäldchen auf dem Gebiet der Stadt Riga, Lettland, in dem an nur zwei Tagen, dem 30. November und 8. Dezember 1941, 25 000 Juden umgebracht wurden, darunter auch der Großvater und ein Onkel des Autors

rumlatschen ziellos lässig herumgehen

Scharon Ariel Scharon (*1928, seit 4.1.2006 im Dauerkoma), 2001-2006 Israels Ministerpräsident

schlempern gierig trinken

Sch'ma Jisruel (hebr.) Höre, Israel: so beginnt das zentrale Glaubensbekenntnis der Juden

Schmankerln Leckerbissen

Schmonzes leeres Gerede, wertloses Zeug

schnalzen schlagen

Schnörksel Schnörkel

Schurli Koseform von Georg

Schuschniggzeit von Juli 1934 bis März 1938, als Kurt Schuschnigg österreichischer Bundeskanzler war
Schutzbündler Mitglieder des Republikanischen Schutzbundes, paramilitärische Organisation der Sozialdemokratischen Arbeiterpartei Österreichs; im Ständestaat ab 1933 verboten
Sender Ö3 ein Radioprogramm des Österreichischen Rundfunks
Sophiens Doppelblick beliebtes Ausflugsziel oberhalb von Bad Ischl
Steirerhut Hut zur steirischen Tracht
Sturmvogel Sportklub für Segelflieger
Systemzeit die Jahre des Verbots der NSDAP in Österreich 1933-1938
Thermidor Wendepunkt in der Französischen Revolution; der elfte Monat des Republikanischen Kalenders: ca. 11. Juli bis 14. August
TKG Theodor Kramer Gesellschaft
Torberg Friedrich Torberg, Autor des Buches *Die Tante Jolesch oder Der Untergang des Abendlandes*
Treff Ausdruck der illegalen Kommunisten für eine Zusammenkunft
Treidelweg Treppelweg
Trevira in Deutschland entwickelte Spezialfaser aus Polyester
Tuchent mit Federn gefüllte Bettdecke
tutti quanti viele (alle) solche, seinesgleichen
Unterach kleiner Ort am Attersee im Salzkammergut
Valentin Karl Valentin (1882-1948), bayerischer Komiker, bekannt für seinen dialektischen Humor
vanitasverseucht von Nichtigkeit (vom Nichts, Tod) infiziert
die Vaterländischen Angehörige der Vaterländischen Front; 1933 von der österreichischen Bundesregierung unter Engelbert Dollfuß gegründet
versprengselt versprenkelt
wabbern wabern
Watschen Ohrfeigen
Wendelin Schmidt-Dengler österreichischer Literatur- und Sprachwissenschaftler (1942-2008)
Wolfsschanze Tarnname für ein militärisches Lagezentrum des Führungsstabs der deutschen Wehrmacht und eines der Führerhauptquartiere während des 2. Weltkriegs

Wruke Kohlrübe
Zeit im Bild Nachrichtensendung im Österreichischen Fernsehen
Zwickerbussel ein Kuss, bei dem man den andern zärtlich in die Wangen zwickt

Die Essays und Reden dieses Buches entstanden zwischen 2005 und 2010.

Fotonachweise

S. 2: Robert Schindel (Foto: Roger Melis)
S. 102: Drei Turner, rechts René Hajek (Privatfoto)
S. 160: Robert Schindel, sieben Jahre alt (Privatfoto)